어제의 적이
Histories
오늘의 친구

어제의 적이 오늘의 친구
Histories

초판 1쇄 발행 2024년 9월 13일

지은이 유승완
펴낸이 장길수
펴낸곳 지식과감성#
출판등록 제2012-000081호

교정 이주희
디자인 강샛별
편집 강샛별
검수 이주연, 정윤솔
마케팅 김윤길, 정은혜

주소 서울시 금천구 벚꽃로298 대륭포스트타워6차 1212호
전화 070-4651-3730~4
팩스 070-4325-7006
이메일 ksbookup@naver.com
홈페이지 www.knsbookup.com

ISBN 979-11-392-2111-4(03910)
값 18,000원

- 이 책의 판권은 지은이에게 있습니다.
- 이 책 내용의 전부 또는 일부를 재사용하려면 반드시 지은이의 서면 동의를 받아야 합니다.
- 잘못된 책은 구입하신 곳에서 바꾸어 드립니다.

지식과감성#
홈페이지 바로가기

어제의 적이
Histories
오늘의 친구

유승완 지음

일러두기

1. 이 책에서 사용하는 국명 '러시아'는 1917년에 일어난 러시아혁명으로 멸망한 '러시아 제국' 및 혁명 이후 1922년 탄생하여 1991년에 해체된 '소련'을 의미합니다. 소련은 소비에트 사회주의 공화국 연방의 줄임말입니다.

2. 서양 국가명의 한자 표기와 한글 표기가 다른 경우가 있다는 점을 유념하기 바랍니다. 러일전쟁(露日戰爭)에서 '露'는 이슬 '로(노)' 자이기 때문에 露日戰爭의 한글 표기는 '로일전쟁'이 맞습니다. 나라 이름의 한자 표기도 노서아(露西亞)라고 합니다. 그러나 러시아의 영어명은 Russia이고 그에 대한 한글 표기는 러시아입니다. 통상 우리나라에서는 러시아라고 하기 때문에 로일전쟁이라고 하지 않고 러일전쟁(露日戰爭)이라고 합니다. 본문에서 일본과 러시아 사이의 화친조약인 日露和親條約도 일로화친조약이라고 하지 않고 일러화친조약이라고 표기했습니다.

3. 이 책은 다수의 일본서(日本書) 및 영미서(英美書)를 참고하여 저술한 것으로 역사용어도 일본서(日本書) 및 영미서(英美書)에 표시된 그대로 인용하였기 때문에 우리가 사용하는 용어의 표기와는 다른 부분이 있습니다. 특히 한자 표기에서 다른 부분이 많습니다. 한국에서는 미국의 한자 표기를 美國이라고 하는 데 비하여 일본에서는 米国이라고 합니다.

4. 이 책 내용의 객관성과 정확성을 검증할 수 있도록 참고한 다수의 일본서(日本書) 및 영미서(英美書)의 출처를 각주에 표시하였습니다. 관심 있는 독자는 각주에 표시된 해당 참고문헌을 구해서 관련 내용을 찾아볼 수 있습니다.

5. 가독성을 높이기 위해서 이 책의 각주에는 참고한 내용이 수록된 해당 참고문헌과 해당 페이지만 표시했습니다.

역사일반서문(歷史一般序文)

유럽에서 19세기는 사실들(facts)을 지지(支持)하는 위대한 시대였다. 19세기의 역사가들도 "우리가 원하는 것은 사실들(facts)이고 인생에서는 사실들만 필요하다."라는 말에 대체로 동의했다. 1830년대에 독일의 역사가 랑케(1795~1885년)는 역사가의 임무는 단지 '그것은 실제로 어떠했는가'를 보여 주는 것이라고 말했다. 이 말은 독일·영국·프랑스 역사가들로부터 오랫동안 높은 평가를 받았다. '과학'으로서의 '역사'를 열렬하게 주장한 실증주의자들(positivists)은 '그것은 실제로 어떠했는가'라는 '사실을 추종하는 태도'에 크게 공헌(貢獻)했다. 실증주의자들은 먼저 사실들을 확인하고 나서 그 확인된 사실들로부터 결론(conclusions)을 이끌어 내라고 말했다.[1] 19세기 유럽에서의 사실들(facts)에 대한 숭배는 문서들(documents)에 대한 숭배로 완성되었고 정당화되었다.[2]

17세기 초 영국의 철학자 프랜시스 베이컨(Francis Bacon, 1561~1626년)은 과학적 방법(scientific method)을 처음으로 제안했다. 그는 증거를 강조했고 과학자들은 경험적 증거에 의존해야 한다고 주장했다. 그는 특히 실험을 통하여 얻은 증거를 강조했

---

1) E. H. Carr, 『What Is History?』, Penguin Random House UK, 2018, pp. 4-5.
2) E. H. Carr, 『What Is History?』, Penguin Random House UK, 2018, p. 12.

다. 그는 과학적 방법을 위한 세 개의 기본 원칙을 제시했다. 첫째는 관찰(observation)이고, 둘째는 관찰된 사실을 설명할 수 있는 이론을 만들어 내는 연역(deduction(추론))이고, 셋째는 이론이 맞는지 틀리는지 여부를 검증할 수 있는 실험(experiment)이다.

    과학(Science)은 진리를 찾기 위하여 끊임없이 이어 나가는 노력이다. 과학자들이 사용하는 과학적 방법(scientific method)은 '일어나고 있는 사실'을 설명하기 위하여 이론(theory)을 만들어 낼 때 관찰(observation)할 것을 요구한다. 그리고 그 이론이 맞는 것인지 알아보기 위해서 실험(experiment)할 것을 요구한다. 관찰과 실험을 거친 이론이 옳다고 생각하면 같은 분야에서 일하는 동료들의 검증(檢證)을 거칠 수 있고 그 검증 과정에서 결점이 지적될 수도 있다. 결점이 없는 올바른 이론이 되기 위하여 실험을 반복해야 할 경우도 있다.[3]

    1840년 무렵 '사회학(Sociology)'이라는 용어를 만든 콩트(Auguste Comte, 1798~1857년)는 사회학도 천문학·물리학·화학에서 사용하는 엄격한 방법론을 똑같이 사용하는 실증과학(positive science)이 되기를 원했다. 콩트는 사회과학과 자연과학이 본질적으로 유사한 것이라고 보았다. 콩트는 자연과학에서 사용되는 과학적 연구 방법이 사회 현상에 대한 연구에도 똑같이 적용되어야 한다고 생각했다. 사회학에서 말하는 실증주의(positivism)는 사회 세

---

[3] Dorling Kindersley Limited, 『The Science Book: Big Ideas Simply Explained』, DK(Dorling Kindersley) Publishing, 2014, p. 12 및 p. 45.

계에 대한 연구는 자연과학(自然科學)의 법칙들에 따라 수행되어야 한다는 주의(主義)이다. 사회학에서 실증주의적 접근법(A positivist approach)은 "객관적인 지식은 주의 깊은 관찰, 비교 그리고 실험을 통하여 만들어질 수 있다."라고 하며 관찰, 비교, 실험으로부터 도출된 증거에 근거하여 지식을 만들어 내는 것을 목표로 한다.

실증주의(positivism)는 "과학은 오직 직접 체험하고 관찰 가능한 실체들과 관련이 있는 것이어야만 한다."라는 주의(主義)이다. 주의 깊은 관찰에 근거해서 관찰된 현상들 사이의 관계를 설명하는 법칙들을 추론할 수 있다. 사건들 사이의 인과관계를 이해함으로써 과학자들은 미래의 사건들이 어떻게 일어날지 예측할 수 있게 된다.[4]

좁은 의미의 과학은 자연과학(Natural Science)을 말한다. 오늘날에는 과학을 넓은 의미로 파악하여 자연과학(自然科學)·사회과학(社會科學)·인문과학(人文科學)으로 나누기도 한다. 역사는 인문과학(Humanities)에 속한다.

역사학(歷史學)은 '실제로 무슨 일이 있었는지'를 과학적·객관적으로 확인·검증하는 학문이다. 하지만 과거 당시의 경험자는 이미 사망해서 없고, 과거로 시간 여행을 가능하게 할 수 있는 가상의 기계장치인 타임머신(time machine)은 존재하지도 않는 현재에는 어떻게 역사적 사실을 과학적·객관적으로 검증할 수 있을까. 과학적·

---

[4] Anthony Giddens and Philip W. Sutton, 『Sociology』 Eighth Edition, Polity Press, 2017, pp. 11-12, p. 72, p. 1010.

객관적 검증이 가능한 근거가 되는 것은 자료(資料)이다. 특히 1차 자료라고 불리는 역사기록(歷史記錄)으로서의 자료는 역사학(歷史學)의 기초가 된다.

옛날 역사의 기술은 주로 그 당시의 위정자(爲政者)가 다분히 자기에게 유리하게 정리한 것이 거의 대부분이었다. 19세기 초두(初頭) 유럽에서 자료에 기초를 두고 연구하는 과학적 역사학(科學的歷史學)이 발생했다. 유럽의 과학적 역사학 방법은 19세기 말에 동아시아의 일본에도 전해졌다. 그러나 당시 일본에는 과학적 역사학을 추진하기 위한 자료가 부족했다. 기록된 기억(記憶)으로서의 역사자료(歷史資料)가 많으면 많을수록 역사학(歷史學)은 과학적인 학문으로서 발전해 나갈 수 있다.[5]

19세기 유럽에서 역사가들로부터 오랫동안 지지(支持)받은 '사실들(facts)을 지지(支持)하고 추종하는 태도'에 대하여 도전하는 견해들이 19세기 말부터 20세기 초에 걸쳐서 나오기 시작했다. 아래에서 간략하게 살펴보고 결론 부분에는 '역사란 무엇인가'에 대한 에드워드 헬릿 카(E. H. Carr)의 역사에 대한 개념을 인용하겠다. E. H. Carr(카)의 역사관은 '사실들(facts)을 추종하는 태도'에 대하여 도전하는 학파에 속하는 것 같다.

---

5) 公益財團法人 東洋文庫 編, 『記錄された記憶』, 山川出版社, 2015年, はじめに.

사실들(facts) 및 문서들(documents)은 역사가에게 필수적인 것이지만 그것들을 맹목적으로 추종해서는 안 된다. 사실들 및 문서들 자체가 역사를 구성하지는 않는다.[6] 모든 역사는 현대사(contemporary history)일 수밖에 없고 역사란 본질적으로 현재의 눈을 통해서 그리고 현재의 문제들에 비추어 과거를 바라보는 것이며, 역사가가 해야 할 중요한 일은 '기록'하는 것이 아니라 '평가'하는 것이다. 역사의 사실들은 어느 역사가가 역사의 사실들을 창조할 때까지는 어느 역사가에 대해서도 존재하지 않는다.[7] 모든 역사는 사고(thought)의 역사이다. 역사란 역사가가 연구하고 있는 그의 역사를 '사고(thought)'라는 '역사가의 정신(mind)' 속에서 재현하는 것이다. 역사는 사실들의 단순한 나열일 수 없다. 역사란 역사가의 경험이다. 역사는 그것을 경험한 역사가가 아닌 사람들에 의해서는 만들어지지 않는다. 역사를 서술하는 것이 역사를 만드는 유일한 길이다.[8]

역사의 사실들은 순수한 형태로 존재하지 않을 뿐만 아니라 존재할 수도 없기 때문에, 우리에게 순수한 사실로 오는 일은 결코 없다. 역사의 사실들은 기록하는 사람의 마음을 통과하면서 항상 굴절된다. 그러므로 우리가 어떤 역사책을 공부하기 시작할 때, 우리의 최초 관심사는 그 역사책 안에 들어 있는 사실들이 아니라 그 책을 쓴 역사가에 관한 것이 되어야 한다. 사실들을 연구하기 전에 먼저 역

---

[6] E. H. Carr, 『What Is History?』, Penguin Random House UK, 2018, p. 15.
[7] E. H. Carr, 『What Is History?』, Penguin Random House UK, 2018, p. 17.
[8] E. H. Carr, 『What Is History?』, Penguin Random House UK, 2018, p. 18.

사가를 연구해야 한다. 또한 우리는 현재의 눈을 통해서만 지난날을 살펴볼 수 있고, 지난날에 대한 해석을 잘 해낼 수 있다.[9] 그러나 역사를 써 나가는 데 있어서 역사가의 역할을 강조하고 그것을 끝까지 밀고 나가면, 어떠한 객관적인 역사도 쉽게 제외시키게 될 위험성이 있게 된다. 결국 역사는 역사가가 만드는 것이 될 수 있다.[10]

역사가와 역사의 사실들의 관계는 서로 주고받는 평등 내지 균등의 관계이다. 역사가는 그의 해석에 따라 그의 사실들을 형성(形成)하고, 그의 사실들에 대한 그의 해석을 형성(形成)하는 지속적인 과정에 종사하고 있다. 이러한 역사가와 그의 사실들의 상호 작용에는 현재와 과거 사이의 상호 관계도 내포하고 있다. 역사가는 현재의 일원(一員)이고 역사적 사실들은 과거에 속하기 때문이다. 역사가와 역사의 사실들은 서로 간에 필요한 것이다. 따라서 역사(History)란 역사가와 그의 사실들 사이에서 상호 작용 하는 지속적인 과정이고, 현재와 과거 사이의 끝이 없는 대화이다.[11]

역사(歷史)의 사전적 의미는 다음과 같다.
"인류(人類) 사회(社會)의 변천(變遷)과 흥망(興亡)의 과정(過程) 또는 그 기록(記錄)"이다. '역(歷)'은 지나온 일 또는 겪은 일을 의미하고, '사(史)'는 기록(記錄)된 문서(文書)를 의미한다.

---

9) E. H. Carr, 『What Is History?』, Penguin Random House UK, 2018, pp. 18-21.
10) E. H. Carr, 『What Is History?』, Penguin Random House UK, 2018, p. 22.
11) E. H. Carr, 『What Is History?』, Penguin Random House UK, 2018, p. 26.

이 책의 본문서문(本文序文)

일본과 독일의 관계는 제1차 세계대전 때는 적대 관계였고 제2차 세계대전 때는 친구 관계였다. 반대로 일본과 영국의 관계는 제1차 세계대전 때는 친구 관계였고 제2차 세계대전 때는 적대 관계였다.

근현대(近現代) 시기의 중국·일본·한국(동아시아 3국)과 구미열강(欧美列強)의 우호·적대 관계 상황(狀況) 중에서 이 책의 제목 '어제의 적(敵)이 오늘의 친구(友)'와 같은 것 중 하나는 일본과 독일의 우호·적대 관계였다.

1914년에 시작된 제1차 세계대전 당시 영국과 동맹을 맺고 있던 일본은 독일에게 선전포고를 했다. 일본군은 독일의 조차지(租借地)인 중국 산동성(山東省)의 청도(青島)와 독일령 남양 제도(南洋諸島)를 공격하여 점령했다.

그러나 1939년에 시작된 제2차 세계대전 당시에는 일본은 독일·이탈리아와 3국동맹(三國同盟)을 체결하는 등 독일과 친구 관계가 되었다. 3국동맹은 3국이 서로 정치적·군사적으로 도와준다는 약속으로 미국에 대항하기 위한 군사동맹이었다.

위 일본과 독일의 관계처럼 우호·적대 관계가 분명하게 나타나는 경우도 있지만 분명하지 않은 경우도 많다. 이 책은 근현대(近現代) 시기에 동아시아 3국(중국·일본·한국)과 구미열강(欧美列强)의 우호·적대 관계를 세밀하게 찾아내어 설명한다. '유럽열강'이라고 하지 않고 '구미열강(欧美列强)'이라고 표현한 것은 유럽열강 외에 미국(美國)이 포함되기 때문이다. 근대(近代) 시기에 중국·일본·한국으로 세력을 뻗쳐 온 서양세력은 주로 유럽의 여러 나라들이지만, 미국도 그중 하나였음은 분명하다. 1492년 크리스토퍼 콜럼버스(Christopher Columbus)가 북아메리카 지역을 탐험한 이후, 유럽 여러 나라들이 미국으로 이주하여 미국의 지배세력이 된 것이므로 중국·일본·한국의 입장에서는 미국세력은 유럽세력과 동일한 것이다. 근대(近代) 시기에는 동아시아에서의 미국의 활약이 눈에 띄지 않는다. 동아시아에서의 미국의 활약은 현대(現代) 시기에 이르러 크게 나타난다.

이 책은 근대(近代)와 현대(現代)의 중국·일본·한국과 구미열강의 우호·적대 관계를 설명하므로, 근세(近世)와 근대(近代) 및 현대(現代)의 구별에 대하여 간략히 살펴보겠다. 시대구분은 학자들마다 그리고 나라마다 모두 그 기준이 다 다르다는 점을 염두에 두고 살펴본다.

근대(近代, modern period)는 중세와 현대 사이의 시대이다. 근대와 현대를 분리하는 경우 근대는 대체로 16세기 무렵부터 시작하여 20세기 중반 무렵에 끝나는 것으로 생각된다. 근대는 초기 근대(early modern period)와 후기 근대(late modern period)로 나뉘는데, 16세기 무렵부터 18세기 무렵까지가 초기 근대(初期近代)이고 그 이후가 후기 근대(後期近代)이다. 동양(東洋)에서는 근세(近世)가 초기 근대에 해당하고 근대(近代)는 후기 근대에 해당한다.[12]

한국사에서는 고려에서 조선으로 교체되는 시기를 중세(中世)에서 근세(近世)로의 전환으로 본다. 또 고종이 즉위하고 그의 아버지 흥선대원군이 집권한 1863년부터 한국이 일본의 식민 통치로부터 해방된 1945년 8월 15일까지가 근대(近代)이다. 현대(現代)는 한국이 해방된 1945년 8월 15일 직후부터 현재까지이다.[13]

일본사에서는 직풍정권기(織豊政權期)부터 1868년 메이지 유신(明治維新)까지 약 300년간이 근세(近世)이다. 직풍정권기(織豊政權期)란 오다 노부나가(織田信長)와 도요토미 히데요시(豊臣秀吉)가 정권을 잡은 시기를 말한다. 오다 노부나가는 16세기에 살았던 인물이다. 오다 노부나가의 후계자인 도요토미 히데요시는 일본 통일을 이룩했다. 도요토미 히데요시는 임진왜란을 일으킨 사람으로 한국에서 특히 유명하다. 근대(近代)는 메이지 유신에서부터 1945년 제

---

12) 木村靖二·岸本美緒·小松久男 編, 『詳說 世界史硏究』, 山川出版社, 2020年, 219面.
13) 邊太燮, 『韓國史通論 四訂版』, 三英社, 2022년, 253-254면, 369-370면, 469-470면 및 한영우, 『다시찾는 우리역사』 제2전면개정판, 경세원, 2022년, 257면, 423면, 521면.

2차 세계대전의 종전(終戰)까지로 본다.[14]

　유럽문명이 현대 세계에 미친 영향은 헤아릴 수 없을 정도다. 현재 세계의 표준이 되고 있는 여러 제도·조직은 그 대부분이 17~18세기의 유럽에서 기원하는 근대화 물결의 연장선상에 있다.[15]
　세계에서 가장 앞서 근대화를 이룬 유럽은 그 정치적·군사적·경제적 우위성을 배경으로 하여 해외에 진출해서 식민지 지배를 행하였다. 20세기 초두(初頭)에는 세계 육지의 40% 이상, 세계 인구의 30% 이상을 그 지배하에 두었다. 식민지 지배를 받았기 때문에 자립적 발전을 못 하고 지금도 여전히 문화·경제에 있어서 유럽의 영향이 남아 있는 국가가 많다. 현재에도 많은 국가들이 정치적으로는 독립했지만 국내의 공용어(公用語) 혹은 공통어(共通語)로서 유럽의 언어를 사용하고 있고 유럽에서 유래한 제도를 이용하고 있다.[16]

　중국·일본·한국 3개의 나라로 이루어진 동아시아는 여타 아시아 지역과 달리 구미(欧美)세력으로부터 상대적으로 독립된 상태였다. 유럽에서 시작된 근대화가 북유라시아·아메리카·오세아니아에 광범위하게 퍼지면서 유럽은 아프리카·서아시아·남아시아·동남아시아를

---

14) 佐々木潤之介·佐藤 信·中島三千男·藤田 覺·外園豊基·渡辺隆喜, 『概論 日本歷史』, 吉川弘文館, 2021年, 114面, 260-262面과 佐藤信·五味文彦·高埜利彦·鳥海靖 編, 『詳說 日本史研究』, 山川出版社, 2020年, 224面, 318面, 329-349面 및 五味文彦·鳥海靖 編, 『新 もういちど讀む山川日本史』, 山川出版社, 2017年, 151-164面, 225-240面.

15) 田邉 裕, 『もういちど讀む山川地理』 [新版], 山川出版社, 2017年, 34面.

16) 田邉 裕, 『もういちど讀む山川地理』 [新版], 山川出版社, 2017年, 35面.

지배하에 두었지만, 동아시아는 지배하지 못했다. 중국·일본·한국은 오랫동안 역사·문화적으로 깊은 관계를 가지면서 문화를 공유해 왔던 부분이 많고 한자(漢字)도 공통적으로 사용했다. 그중에서도 중국은 옛적부터 황하(黃河) 중류 지역에서 문명이 개화하면서 스스로를 세계의 중앙에 있는 수준 높은 문화를 가진 국가로 자처하고 동아시아의 정치·문화의 중심으로서의 역할을 해 왔다.[17]

 한어(漢語)에서 유래한 어휘(語彙)를 많이 사용하는 한자문화권(漢字文化圈)의 동아시아에서는 다양한 한자(漢字)를 사용한다. 같은 한자(漢字)라도 대만(臺灣)에서는 번체자(繁体字)를 사용하고 중국 본토에서는 간체자(簡体字)를 사용한다. 싱가포르와 말레이시아에서도 간체자(簡体字)를 사용한다. 간체자(簡体字)는 번체자(繁体字)를 간략화(簡略化)한 자체(字体)이다. 중국 본토에서 사용하는 간체자(簡体字)는 일본에서 사용하는 한자(漢字)와 다르다. 번체자(繁体字) 및 간체자(簡体字)와 일본어(日本語)로 사용하는 한자(漢字)를 5자(字)만 비교해 보면 다음 표와 같다.[18]

---

17) 田邉 裕, 『もういちど讀む山川地理』[新版], 山川出版社, 2017年, 165面.
18) 砂崎良 著/井田仁康 監修, 『リアルな今がわかる 日本と世界の地理』, 朝日新聞出版, 2022年, 26面.

번체자(繁体字)	간체자(簡体字)	일본어(日本語)
氣(기)	气	気
實(실)	实	実
傳(전)	传	伝
樂(락)	乐	楽
榮(영)	荣	栄

<표 1> 번체자(繁体字), 간체자(簡体字), 일본어(日本語) 비교

이 책은 근현대(近現代) 시기 중국·일본·한국과 서구(西欧)열강 사이의 각각 우호·적대 관계를 위주로 설명한다. 중국과 영국·미국·러시아 그리고 일본과 영국·러시아·미국·독일, 마지막으로 한국과 프랑스·미국·러시아 순으로 각국 사이의 우호·적대 관계에 관한 역사적 사실을 설명한다. 독자들은 이 책을 다 읽을 필요는 없다. 관심 있는 국가 부분만 발췌(拔萃)해서 읽어도 충분하다.

일본과 중국의 관계, 중국과 한국의 관계, 일본과 한국의 관계는 필요하다고 생각되는 범위에서 기술한다.

目次

역사일반서문(歷史一般序文) ·· 5
이 책의 본문서문(本文序文) ·· 11
서세동점(西勢東漸)의 배경 ·· 21

제1장
중국과 구미열강(歐美列強)의 우호·적대 관계 ·········· 28

1 중국과 영국 ·· 28
2 중국과 미국 ·· 48
3 중국과 러시아 ·· 58

제2장
일본과 구미열강(歐美列強)의 우호·적대 관계 ·········· 71

1 일본과 영국 ·· 71
2 일본과 러시아 ·· 78
3 일본과 미국 ·· 108
4 일본과 독일 ·· 148

제3장
한국과 구미열강(欧美列强)의 우호·적대 관계········ 160

1 한국과 프랑스···162
2 한국과 미국···166
3 한국과 러시아··173

맺음말···183

참고문헌···188

표 목차

〈표 1〉 번체자(繁体字), 간체자(簡体字), 일본어(日本語) 비교 ············ 16

〈표 2〉 1890년부터 1938년까지 열강 주요국의 인구수 ················ 23

〈표 3〉 1850년부터 1920년까지 유럽 주요 국가의 인구수 ············· 24

〈표 4〉 1880년부터 1914년까지 열강 주요국의 병력 수 ··············· 25

〈표 5〉 1914년 열강 주요국의 국민소득, 인구수, 1인당 소득 ·········· 26

〈표 6〉 1937년 열강의 국민소득과 국민소득 중
    국방에 지출하는 퍼센티지 ··· 27

〈표 7〉 제2차 세계대전 중 연합국의 병력 및 인명 손실 ············· 186

〈표 8〉 제2차 세계대전 중 추축국의 병력 및 인명 손실 ············· 186

서세동점(西勢東漸)의 배경

먼저 근현대 시기에 동(東)아시아와 구미열강(欧美列強)의 우호·적대 관계가 전개되기 전의 유럽의 사정(事情)을 설명한다. 정치혁명이 먼저 일어나고 그다음으로 산업혁명이 일어난다는 점을 주목할 필요가 있다.

17세기 후반에 시민혁명(市民革命)을 달성한 영국에서는 18세기 후반부터 면사방적업(綿糸紡績業)을 중심으로 산업혁명(産業革命)이 시작되었다. 증기(蒸気)를 동력(動力)으로 하는 기계를 이용하여 공업 생산력이 비약적으로 높아졌다. 이러한 정치적·경제적인 움직임은 유럽 각국과 미국에도 파급되었다. 증대하는 생산력과 강력한 군사력을 배경으로 해서 영국을 위시한 구미열강(欧美列強)은 공장제 기계공업 생산품의 판매 시장과 원료의 확보를 목표로 아시아로 진출하기 시작했고, 아시아제국(諸國)을 자본주의적 세계 시장에 강제적으로 편입시키려고 했다.

그 과정에서 아시아의 많은 나라들이 구미열강(欧美列強)의 식민지 또는 경제적·정치적으로 종속적인 지위로 전락(轉落)했다. 이와 같은 구미열강의 압력은 점점 동(東)아시아로 파급되었고 압력의 칼끝은 일본에도 도달하였다. 일본의 북방 국경에 접한 러시아에 더하여 영국과 미국의 선박이 잇달아 일본의 항구에 와서 통상(通商)을

요구하면서 압박했다. 결국 일본은 개국(開國)하게 되었다.[19]

주목할 것은 동(東)아시아의 경우에는 다른 아시아제국(諸國)과 달리 유럽의 식민지로 전락하지 않았다는 사실이다. 중국 청나라의 경우는 유럽열강의 '반식민지(半植民地)'가 된 경우였을 뿐이다. 일본은 식민지로 전락하기는커녕 오히려 식민지를 보유한 강국이 되었다. 한국은 동남아시아 등과 같이 유럽의 식민지로 전락한 것이 아니고 같은 동(東)아시아의 구성국인 일본의 식민지로 전락했다.

1890년부터 1938년까지 서구열강 주요국과 일본의 인구수를 살펴보자. 인구 규모는 결코 신뢰할 만한 강국(power)의 지표가 될 수 없다. 하지만 강국의 한 요소가 될 수 있다.

영미(英美) 역사서에서 참고한 1890년부터 1938년까지 주요 열강(列强) 인구수의 대략적인 변화 과정은 다음 표와 같다. 1890년대는 유럽열강의 중국 분할이 본격적으로 이루어지기 시작하는 때이고 1938년은 제2차 세계대전 발발(勃發) 1년 전이다.[20]

다음 표를 보면, 1890년 러시아의 인구는 1억 1,680만 명이고 일본은 3,990만 명, 영국은 3,740만 명이다. 미국은 1920년 무렵에 처음으로 인구수가 1억 명을 넘었다. 1920년 미국의 인구는 1억 570

---

19) 佐藤信·五味文彦·高埜利彦·鳥海靖 編, 『詳說 日本史研究』, 山川出版社, 2020年, 318面.

20) Paul Kennedy, 『The Rise and Fall of the Great Powers: Economic Change and Military Conflict from 1500 to 2000』, William Collins, 2017, p. 255.

만 명이다. 프랑스는 열강 주요국들과 달리 1890년부터 1938년까지 인구수의 변동이 거의 없다는 사실이 눈에 띈다.

	1890년	1900년	1910년	1913년	1920년	1928년	1938년
러시아	1억 1,680만 명	1억 3,560만 명	1억 5,930만 명	1억 7,510만 명	1억 2,660만 명	1억 5,040만 명	1억 8,060만 명
미국	6,260만 명	7,590만 명	9,190만 명	9,730만 명	1억 570만 명	1억 1,910만 명	1억 3,830만 명
독일	4,920만 명	5,600만 명	6,450만 명	6,690만 명	4,280만 명	5,540만 명	6,850만 명
일본	3,990만 명	4,380만 명	4,910만 명	5,130만 명	5,590만 명	6,210만 명	7,220만 명
영국	3,740만 명	4,110만 명	4,490만 명	4,560만 명	4,440만 명	4,570만 명	4,760만 명
프랑스	3,830만 명	3,890만 명	3,950만 명	3,970만 명	3,900만 명	4,100만 명	4,190만 명
이탈리아	3,000만 명	3,220만 명	3,440만 명	3,510만 명	3,770만 명	4,030만 명	4,380만 명

<표 2> 1890년부터 1938년까지 열강 주요국의 인구수

일본 역사서에서 참고한 1850년부터 1920년까지 유럽 주요 국가의 인구수는 다음 표와 같다(독일의 역사학자 Theodor Schieder에 의함).[21] 위 영미(英美) 역사서에서 참고한 각 연도별 유럽열강의 인구수와 차이가 나는 부분이 있지만, 이 책에서는 차이가 나는 이유를 연구하지 않았다.

---

21) 木村靖二·岸本美緒·小松久男 編, 『もういちど讀む山川世界史PLUS ヨーロッパ·アメリカ編』, 山川出版社, 2022年, 206面.

서세동점(西勢東漸)의 배경 23

	1850년	1880년	1900년	1910년	1920년
영국	2,800만 명	3,500만 명	4,200만 명	4,500만 명	4,400만 명
프랑스	3,600만 명	3,800만 명	3,900만 명	4,000만 명	3,900만 명
독일	3,600만 명	4,500만 명	5,600만 명	6,500만 명	6,200만 명
러시아	6,000만 명	8,800만 명	1억 1,100만 명	1억 4,000만 명	1억 5,800만 명
이탈리아	2,400만 명	2,900만 명	3,300만 명	3,500만 명	3,700만 명
스웨덴	400만 명	500만 명	500만 명	600만 명	600만 명
유럽 전체	2억 7,400만 명	3억 3,500만 명	4억 2,300만 명	4억 5,600만 명	4억 8,600만 명

<표 3> 1850년부터 1920년까지 유럽 주요 국가의 인구수
※ 유럽 전체의 인구수는 러시아의 인구수를 포함한 것이다.

한편 1873년(明治 6년) 당시 일본의 인구수는 약 3,330만 명이다.[22] 비슷한 시기의 영국 인구수와 비슷하다. 위 유럽 주요 국가의 인구수를 나타낸 표에서 1880년 영국의 인구수는 3,500만 명으로 1873년 일본의 인구수 3,330만 명과 비슷하다.

또 위 영미(英美) 역사서에서 참고한 표와 일본 역사서에서 참고한 표를 비교해 보면, 1890년부터 제1차 세계대전이 발발(勃發)하기 1년 전인 1913년까지 변동 과정에 있는 영국의 인구수와 일본의 인구수는 대략적으로 비슷하다. 1920년 일본의 인구수는 5,590만 명이고 영국은 4,440만 명으로 이 무렵부터 일본의 인구수가 영국보다 1천만 명 이상 앞지르기 시작했다. 제2차 세계대전 발발(勃發) 1년 전인 1938년 일본의 인구수는 영국의 4,760만 명보다 약

---

22) 佐藤信·五味文彦·高埜利彦·鳥海靖 編, 『詳說 日本史研究』, 山川出版社, 2020年, 335面.

2,500만 명이 더 많은 7,220만 명이 된다.

1880년부터 1914년까지 열강 주요국의 육해군(陸海軍) 병력 수(兵力數)는 아래 표와 같다.[23]

아래 표를 보면 러일전쟁이 일어나기 4년 전인 1900년 당시 러시아의 병력 수는 약 116만 명으로 일본의 병력 수 약 23만 명보다 90만 명 이상 많았다. 유럽의 세 강국 프랑스, 독일, 영국 중에서는 프랑스가 독일이나 영국보다 병력 수가 더 많았다.

	1880년	1890년	1900년	1910년	1914년
러시아	79만 1,000명	67만 7,000명	116만 2,000명	128만 5,000명	135만 2,000명
프랑스	54만 3,000명	54만 2,000명	71만 5,000명	76만 9,000명	91만 명
독일	42만 6,000명	50만 4,000명	52만 4,000명	69만 4,000명	89만 1,000명
영국	36만 7,000명	42만 명	62만 4,000명	57만 1,000명	53만 2,000명
이탈리아	21만 6,000명	28만 4,000명	25만 5,000명	32만 2,000명	34만 5,000명
일본	7만 1,000명	8만 4,000명	23만 4,000명	27만 1,000명	30만 6,000명
미국	3만 4,000명	3만 9,000명	9만 6,000명	12만 7,000명	16만 4,000명

<표 4> 1880년부터 1914년까지 열강 주요국의 병력 수

---

23) Paul Kennedy, 『The Rise and Fall of the Great Powers: Economic Change and Military Conflict from 1500 to 2000』, William Collins, 2017, p. 261.

서세동점(西勢東漸)의 배경

제1차 세계대전이 발발(勃發)한 1914년 당시, 열강 주요국의 국민소득, 인구수, 1인당 소득(per capita income)은 아래 표와 같다.[24]

	국민소득	인구수	1인당 소득
미국	370억 달러($)	9,800만 명	377달러($)
영국	110억 달러($)	4,500만 명	244달러($)
프랑스	60억 달러($)	3,900만 명	153달러($)
일본	20억 달러($)	5,500만 명	36달러($)
독일	120억 달러($)	6,500만 명	184달러($)
이탈리아	40억 달러($)	3,700만 명	108달러($)
러시아	70억 달러($)	1억 7,100만 명	41달러($)

<표 5> 1914년 열강 주요국의 국민소득, 인구수, 1인당 소득

제2차 세계대전이 발발(勃發)하기 2년 전인 1937년 당시, 열강의 국민소득과 국민소득 중 국방에 지출하는 퍼센티지(percentage)는 다음 표와 같다.[25]

---

24) Paul Kennedy, 『The Rise and Fall of the Great Powers: Economic Change and Military Conflict from 1500 to 2000』, William Collins, 2017, p. 314.

25) Paul Kennedy, 『The Rise and Fall of the Great Powers: Economic Change and Military Conflict from 1500 to 2000』, William Collins, 2017, p. 429.

	국민소득	국방에 지출하는 퍼센티지
미국	680억 달러($)	1.5%
대영제국 (British Empire)	220억 달러($)	5.7%
프랑스	100억 달러($)	9.1%
독일	170억 달러($)	23.5%
이탈리아	60억 달러($)	14.5%
소련(USSR)	190억 달러($)	26.4%
일본	40억 달러($)	28.2%

<표 6> 1937년 열강의 국민소득과 국민소득 중 국방에 지출하는 퍼센티지

제1장
중국과 구미열강(欧美列強)의 우호·적대 관계

19세기에 접어들면서 중국대륙의 지배자 청나라는 백련교도의 반란(1796~1804년)으로 흔들리고 있었다. 19세기 중반에는 아편전쟁에서 영국에게 패배한 결과 유럽열강의 반식민지가 되는 불평등조약을 받아들여야만 하는 처지에 놓였다. 동시에 태평천국의 난(太平天國의 亂)에 의해 중국은 위기 상황에 빠졌다.[26]

1 중국과 영국

(1) 아편전쟁(1840~1842년)

18세기 청나라는 구미(歐美)와의 해상무역을 중국 광저우(廣州)에 제한하고 있었다. 1792년 영국은 매카트니(Macartney, 1737~1806년)를 중국에 보내 광저우(廣州)(광주) 이외의 지역으로 무역을 넓혀달라고 요구했다. 청나라는 영국의 요구를 거절했다. 여러 가지 제약 아래에서도 광저우(廣州)에서 무역의 확대는 계속되었다.

---

26) 木村靖二·岸本美緒·小松久男 編, 『詳說 世界史研究』, 山川出版社, 2020年, 363面, 381-382面, 386-388面.

영국은 삼각무역을 통해 중국에 아편을 수출했다. 삼각무역은 영국·인도·중국 세 나라 사이에서 이루어진 무역을 말한다. 영국은 식민지인 인도에 면직물을 수출하고, 인도에서 생산한 아편을 중국에 수출했다. 그 대가로 중국으로부터 은(銀)을 받아 오고 중국의 차(茶)·견(絹)·도자기를 수입했다.

청나라는 아편무역에 대해 금령(禁令)을 강화했다. 그럼에도 아편은 광저우(廣州) 부근에서 연해무역(沿海貿易)을 통하여 중국 내에 확대·유통되었다. 아편 수입의 증대에 따라 영국으로 유출되는 중국의 은(銀)이 증대되어 청나라는 심각한 재정적 문제를 가지게 되었다. 청나라 중앙정부는 아편흡음자(吸飮者)를 사형에 처한다는 아편엄금론(嚴禁論)을 채용하고 임칙서(林則徐, 1785~1850년)를 흠차대신으로 광저우(廣州)에 파견해서 아편무역을 단속하게 했다. 흠차대신[27]이란 청나라 때 황제가 특정한 사건을 처리하기 위해 임명한 임시 관직이다. 광저우(廣州)에 도착한 임칙서는 광저우 교외의 상관지구(商館地區)를 봉쇄하고 외국인 상인에게 압력을 가하여 그들이 소유하고 있는 아편을 몰수하여 처분해 버렸다. 이와 같은 청나라의 행위에 대하여 영국 정부는 무력에 의해서 청나라와 대등한 외교 관계를 구축하여 광저우(廣州)에서의 무역규제를 폐지하고 자유무역을 실현할 좋은 기회로 생각했다. 그리하여 영국은 1840년에 청나라를 공격했다. 이것이 아편전쟁(1840~1842년)이다.

---

27) 함규진, 『조약으로 보는 세계사 강의』, 미래의창, 2017년, 149면.

군사기술과 전술 면에서 탁월했던 영국은 아편전쟁에서 해상과 육지에서 모두 압도적인 승리를 거두면서 중국의 동남해안에 위치한 광주(廣州), 하문(廈門), 영파(寧波)를 위시해서 연해의 주요 해항(海港)을 아무런 손해도 보지 않고 잇달아 점령했다. 영국군은 장강(長江)을 거슬러 올라가 진강(鎭江)을 확보하여 대운하를 봉쇄했다. 진강(鎭江)은 중국 강소성(江蘇省) 남부에 위치한 도시이다. 그리하여 북경으로 가는 식량 공급 루트(route)를 차단했다. 더한층 영국 함대는 남경까지 닥쳐왔기 때문에 청나라는 마침내 굴복하고 1842년에 남경조약(南京條約)을 체결하기에 이르렀다.

남경조약으로 광주(廣州)에 더하여 상해(上海), 영파(寧波), 복주(福州), 하문(廈門)의 다섯 항(港)을 개항하고 홍콩 섬(香港島)(향항도))을 영국에 할양(割讓)하게 되었다. 또한 공행(公行)의 폐지와 배상금(賠償金)의 지불, 청나라와 영국 두 나라 관헌(官憲)은 대등한 자격으로 교섭을 한다는 등의 내용이 결정되었다.[28]

참고로 공행(公行)이란 중국 청나라 때 광저우(廣州)에서 서양인과 무역할 수 있도록 공식적인 허가를 받은 상인조합을 말한다.

(2) 제2차 아편전쟁(1856~1860년)

영국은 제1차 아편전쟁의 승리로 개항과 자유무역의 기회를 얻었

---

28) 木村靖二·岸本美緒·小松久男 編, 『詳說 世界史研究』, 山川出版社, 2020年, 383-385面 및 Clive Ponting, 『World History: A New Perspective』, Pimlico, 2001, p. 715, 그리고 함규진, 『조약으로 보는 세계사 강의』, 미래의창, 2017년, 154-155면.

지만, 기대한 것만큼 무역 이익이 나지 않았다. 영국 면제품(綿製品)의 청나라로의 수출이 신장되지 않자 영국은 중국 시장의 개방이 부족한 상황이라고 생각해서 개항장(開港場)의 증가를 기대했다. 그러나 1850년에 청나라는 함풍제(咸豊帝, 재위 1850~1861년)가 즉위한 이래 배외적(排外的)인 태도를 취하게 되었고, 광주(廣州)에서도 배외운동(排外運動)이 고조되고 있었다. 영국은 중국에서 일어나고 있는 위와 같은 문제를 해결하려고 했지만, 1853년에 일어난 크림전쟁(Crimean War, 1853~1856년)에 신경 쓰느라고 중국 문제는 뒷전으로 미뤄 두었다.[29] 1856년 3월 크림전쟁이 종결된 후, 여유가 생긴 영국은 동년 10월에 발생한 애로우호(Arrow号) 사건을 구실로 중국으로 출병(出兵)했다.[30]

크림전쟁(Crimean War)은 1853년부터 1856년까지 크림반도(Crimean peninsula) 및 흑해 지역에서 러시아제국과 터키(Turkey)·영국·프랑스 등 연합국 간에 벌어진 전쟁이다. 영국은 9만 8,000명의 병사를 파견했으며, 그중 5분의 1 정도인 2만 813명이 전쟁 중에 사망했고, 사망자 중 약 80%는 병(病)으로 죽었다. 프랑스는 31만 명의 병사를 파견했으며, 그중 약 10만 명이 목숨을 잃었다.

---

29) 木村靖二·岸本美緒·小松久男 編, 『詳說 世界史硏究』, 山川出版社, 2020年, 385面 및 木村靖二·岸本美緒·小松久男 編, 『もういちど讀む山川世界史PLUS アジア編』, 山川出版社, 2022年, 235面.

30) 木村靖二·岸本美緒·小松久男 編, 『詳說 世界史硏究』, 山川出版社, 2020年, 386面 및 木村靖二·岸本美緒·小松久男 編, 『もういちど讀む山川世界史PLUS アジア編』, 山川出版社, 2022年, 235面.

크림전쟁에서 전투 중에 죽거나 병으로 목숨을 잃은 군인들이 적어도 75만 명이나 되었는데, 그중 3분의 2가 러시아 군인들이었다.[31]

'애로우 사건(Arrow Incident)'은 1856년에 청나라 관헌(官憲)이 '애로우(Arrow)'라고 불리는 중국 선박에 올라가 청나라 사람들을 체포하고 영국의 국기를 강제로 내린 사건으로 알려져 있다. 문제의 선박은 중국 선박인데 영국의 국기를 게양하고 있었던 것이다. 즉 영국 선박으로 위장한 중국 선박인 것이다. 체포된 청나라 사람들은 불법으로 마약을 거래하는 범죄자임이 분명했기에 청나라의 정당한 공무집행이었으나, 영국은 청나라 관헌의 중국 선박에 대한 단속 과정에서 명예로운 자국 국기가 훼손되었다는 이유로 청나라에 전쟁을 선언했다. 이 전쟁이 제2차 아편전쟁(the Second Anglo-Chinese War)이다.[32]

영국으로부터 공동 출병(共同出兵)을 요청받았던 프랑스도 자국 선교사가 중국의 광서성(廣西省)에서 살해된 것을 구실로 파병(派兵)했다. 영국과 프랑스의 연합군은 광주(廣州)를 점령하고, 뒤이어 천진(天津)에 들이닥쳤다. 이에 청나라 측에서는 공친왕(恭親王) 등의 화평파(和平派)가 주도권을 장악한 후 교섭이 이루어져 1858년에

---

31) Orlando Figes, Crimea The Last Crusade, Penguin Books, 2011, p. xix 및 p. 467.

32) R. R. Palmer·Joel Colton, 『A History of the Modern World』, Eighth Edition, McGraw-Hill, Inc. 1995, p. 495 및 Clive Ponting, 『World History: A New Perspective』, Pimlico, 2001, p. 718.

천진조약(天津條約)이 체결되었다. 그러나 영국과 프랑스의 연합군이 철수하자 청나라 조정에는 주전파(主戰派)가 대두했다. 천진조약 비준(天津條約批准)에 즈음하여 영국과 프랑스의 전권(全權)이 청나라 측의 반대를 무릅쓰고 백하(白河)를 거슬러 올라가자 청나라 측이 발포해서 격퇴했다. 백하(白河)는 중국 음산산맥(陰山山脈) 동부에서 시작하여 천진(天津)을 지나, 발해만(渤海灣)으로 들어가는 강(江)이다.

이로 인하여 전쟁은 다시 시작되었다. 영국·프랑스 연합군은 북경(北京)을 점령하고 나서 원명원(円明園)을 약탈한 후 파괴하고 방화했다. 원명원(円明園)은 중국 청나라 때 북경 근교에 있던 이궁(離宮)이다. 함풍제(咸豊帝)와 주전파(主戰派)는 열하(熱河)로 도망(逃亡)가고 화평파(和平派)인 공친왕(恭親王) 등이 영국·프랑스 양국의 전권(全權)과 교섭에 임하여 1860년에 북경조약(北京條約)이 체결되었다.

위 천진·북경조약(天津·北京條約)에 따라 청나라는 배상금을 지불해야 했으며 이외에도 천진(天津)·한구(漢口)를 위시하여 동북(東北)·화북(華北)·장강(長江) 언저리 11개의 항구를 개항해야 했다. 또 영국에게 홍콩 섬 바로 건너편 지역인 구룡반도(九龍半島) 남부를 할양했다. 그리고 외국인의 중국 내지(內地) 여행권, 외국 공사(公使)의 북경상주(常駐), 기독교 포교권을 인정하고 중국인의 해외도항(渡航)을 공인(公認)했다. 아편무역도 합법화되었다. 이로 인해 영국·프랑스 측은 전쟁 전에 기대하고 있던 것을 전부 얻었다고 할 수 있었다.

위 천진·북경조약의 결과 북경에는 외국 공사가 상주하게 되었기 때문에 청나라 측은 총리각국사무아문(總理各國事務衙門)을 설치하여 외교교섭(外交交涉)을 담당하게 하였는데, 실제로는 이홍장(李鴻章) 등 유력 관료들이 외교를 담당하는 때도 많았다.[33]

참고로

중국대륙은 크게 동중국해(東中國海) 및 남중국해(南中國海)의 해안을 따라서 평야와 구릉(丘陵)으로 이루어진 동부(東部)와, 거대한 고원(高原) 및 분지(盆地)가 넓게 펼쳐지는 서부(西部)로 나누어 볼 수 있다. 동중국해(東中國海)는 중국 동쪽 서태평양의 연해(緣海)이다. 중국에서는 동해(東海)라고 부른다. 남중국해(南中國海)는 중국과 인도차이나반도, 보르네오 섬, 필리핀으로 둘러싸인 바다이다. 남중국해는 서필리핀해(West Philippine Sea)라고도 불리며 태평양의 일부이다. 중국에서는 전통적으로 남해(南海)라고 불렀다.

서고동저(西高東低)가 중국 지형(地形)의 특징이다. 중국대륙의 북쪽에 있는 다싱안링(大興安嶺(대흥안령)) 산맥과 남쪽에 있는 윈구이 고원(雲貴高原(운귀고원))의 동쪽 끝을 잇는 선을 기준으로 중국을 동서(東西)로 구분한다. 중국 남쪽에 있는 윈난성(雲南省)에서 구

---

33) 木村靖二·岸本美緒·小松久男 編, 『詳說 世界史硏究』, 山川出版社, 2020年, 386面 및 木村靖二·岸本美緒·小松久男 編, 『もういちど讀む山川世界史PLUS アジア編』, 山川出版社, 2022年, 236面과 함규진, 『조약으로 보는 세계사 강의』, 미래의창, 2017년, 159-160면.

이저우성(貴州省)에 걸쳐 있는 고원이기 때문에 윈구이 고원(雲貴高原)이라고 불린다. 기후는 서부가 건조(乾燥)하고 동부는 습윤(濕潤)하다.

서부 지역에는 타클라마칸 사막(Taklamakan Desert)과 쿤룬산맥(崑崙山脈(곤륜산맥))이 있으며, 현재 신장 위구르 자치구와 티베트 자치구 등이 있는 지역이다. 동부 지역은 북쪽에서 남쪽으로 순차적으로 둥베이(東北), 화북(華北), 화중(華中), 화남(華南) 지역으로 나뉜다. 둥베이(東北(동북))는 만주(滿洲) 지역이다. 화북(華北)은 중심에 황하(黃河)가 있고, 북경(北京)과 천진(天津)이 있는 지역이다. 화중(華中)은 중심에 장강(長江 = 양쯔강(揚子江))이 있고, 상하이시(上海市)가 있는 지역이다. 화남(華南)은 중심에 주강(珠江 = Pearl River)이 있고, 홍콩(香港(향항))과 마카오(澳門(오문))가 있는 지역이다. 화남(華南)은 중국 남동부 지역으로 푸젠성(福建省(복건성))과 광둥성(廣東省(광동성)), 광시 좡족 자치구(廣西壯族自治區(광서 장족 자치구)) 등이 있다. 광시 좡족 자치구는 화남(華南)의 남서쪽이고 베트남 북부와 접경을 이룬다. 광시 좡족 자치구는 1958년 이전에는 광시성(廣西省(광서성))이었다. 광시성(廣西省)은 1912년부터 1949년까지 중화민국의 성(省)이었다.

중국의 둥베이(東北) 및 화북(華北)과 조선(朝鮮)의 북부(北部)는 춥고 건조한 기후(氣候)라서 벼농사(稻作(도작))에는 부적합하다. 그래서 밀(小麥(소맥))과 수수의 일종인 고량(高粱)이 주식(主食)이다. 밀가루를 원료로 하는 교자(餃子)와 포자(包子) 및 면류(麵類)가 발달했다. 화중(華中)의 장강(長江) 유역에서는 벼농사(稻作(도작))가 활발하게 행하여진다. 주강(珠江) 유역의 화남(華南)과 대만(台湾)은 온난(溫暖)하기 때문에 쌀의 이기작(二期作)이 가능하다. 그래서 밀과 고량이 주식인 화북(華北)과 달리 쌀이 주식(主食)이다.[34]

동아시아 역사에서 자주 등장하는 랴오둥반도(遼東半島(요동반도))는 만주(滿洲)지방인 둥베이(東北) 지역에 있고, 산둥반도(山東半島(산동반도))는 화북(華北) 지역에 있다. 랴오둥반도와 산둥반도로 둘러싸인 황해(黃海)의 내해(內海)를 보하이해(勃海(발해))라고 한다. 보하이해(勃海)에는 3개의 만(灣)이 있다. 3개의 만(灣)은 보하이만(渤海灣), 랴오둥만(遼東灣), 라이저우만(萊州灣(래주만))이다. '보하이해(勃海)'는 한국의 고대국가인 '발해(渤海)'와 한자(漢字)가 같다.

참고로

영국령 홍콩(British Hong Kong)은 1842년부터 1997년까지

---

34) 村瀬哲史, 村瀬のゼロからわかる地理B 地誌編, 株式会社 学研プラス, 2021年, 22-25面 및 內田忠賢 監修, 『理解しやすい地理B』, 文英堂, 2013年, 304-305면과 田邉 裕, 『もういちど讀む山川地理』 [新版], 山川出版社, 2017年, 172面 및 砂崎良 著/井田仁康 監修, 『リアルな今がわかる 日本と世界の地理』, 朝日新聞出版, 2022年, 27面과 平凡社地図出版 編集·制作, 『ASAHI ORIGINAL デュアル·アトラス 2019-2020年版 日本·世界地図帳』, 朝日新聞出版, 2019年, 63面, 65面, 67面.

약 156년 동안 영국의 직할 식민지였다.[35] 홍콩은 동방의 진주라는 의미로 동방명주(東方明珠)라고 불린다. 또한 향나무의 무역이 이루어지는 항구라는 의미로 향항(香港)이라고도 불린다. 홍콩의 영역 할양 및 반환 과정은 다음과 같다.[36]

① 1842년 난징조약으로 아편전쟁에서 패배한 청나라가 홍콩 섬을 전쟁에서 승리한 영국에게 할양(割讓)했다.

② 제2차 아편전쟁(애로우호(Arrow号) 전쟁)에서 패배한 청나라가 1860년 베이징조약으로 구룡반도 남부를 전쟁에서 승리한 영국에게 추가 할양(割讓)했다.

③ 1898년 영국은 청나라로부터 구룡반도 신계(新界 = New Territories)를 조차(租借)했다. 신계지(新界地)는 홍콩 섬 및 구룡반도 남부와 같이 할양(割讓)이 아니고 조차(租借)였지만 사실상 할양(割讓)과 같았다. 참고로 '조차(租借)'는 특별한 합의에 따라 한 나라가 다른 나라 영토의 일부를 빌려 일정한 기간 동안 통치하는 행위이다.

---

35) 內田忠賢 監修, 『理解しやすい地理B』, 文英堂, 2013年, 307面 및 村瀨哲史, 『村瀨のゼロからわかる地理B 地誌編』, 株式会社 学研プラス, 2021年, 35面.

36) 木村靖二·岸本美緒·小松久男 編, 『詳說 世界史研究』, 山川出版社, 2020年, 414-415面, 534面 및 佐藤信·五味文彦·高埜利彦·鳥海靖 編, 『詳說 日本史研究』, 山川出版社, 2020年, 376-377面과 함규진, 『조약으로 보는 세계사 강의』, 미래의창, 2017년, 375-387면.

④ 1984년 중국과 영국 사이에 홍콩반환협정인 중영연합성명(中英聯合聲明)이 이루어졌다. 중영공동선언(Sino-British Joint Declaration)이라고도 불린다. 이 홍콩반환협정에서 영국 정부는 1997년 7월 1일부로 홍콩을 중국 정부에 반환(返還)하기로 선언했다.

⑤ 1997년 7월 1일 영국은 영국령 홍콩 전체를 중화인민공화국에 반환(返還)했다.

영국과 프랑스가 제2차 아편전쟁(1856~1860년) 직전에 참전한 크림전쟁(Crimean War)에서는 두 나라가 무려 40만 대군을 투입해 러시아제국을 상대한 데 비해, 제2차 아편전쟁에서는 크림전쟁에 참전한 병력 수의 20분의 1 정도인 겨우 2만 명도 안 되는 병력으로 청나라의 무릎을 꿇렸다. 동양의 대국(大國)인 중국 청나라가 영국 등 유럽열강의 동네북 취급을 받았다는 사실을 알 수 있다.

1839년부터 1860년까지 청나라는 영국이 중국 청나라로 수출한 중독성 마약의 중국 내 유입을 막으려고 했다. 그러나 영국과 싸운 아편전쟁(Opium War)에서 결국 패배하여 중국 내 중독성 마약 유입을 막는 데 실패했다. 아편전쟁의 패배로 인하여 청나라는 심하게 쇠약해졌다.[37]

---

37) Josephine Quinn, 『How the World Made the West: A 4,000-Year History』, Bloomsbury Publishing, 2024, p. 281.

(3) 열강(列强)의 중국 분할(中國分割)

2차례에 걸친 아편전쟁에서 패배하여 약체로 드러난 청나라는 그 후 유럽 강대국들에게 하나씩 이권을 내주게 되었다.

1894년 중국 청나라와 일본 간에 청일전쟁(淸日戰爭)이 발발(勃發)했고, 1895년 청나라는 일본에게 패배했다. 그 결과 청나라에 불리한 시모노세키조약(下関條約)이 체결되었다. 이 조약으로 청나라는 일본에게 랴오둥반도(遼東半島), 타이완(臺灣), 펑후 섬(澎湖島(팽호도))을 할양하게 되었다. 그러나 랴오둥반도(遼東半島)는 러시아·독일·프랑스의 반환요구에 굴복한 일본이 청나라에 반환했다.

1897년 독일이 중국 산동반도의 자오저우만(膠州湾(교주만))을 점령했다. 이에 대항하여 러시아는 랴오둥반도(遼東半島)의 여순(旅順)을 점령했다. 1898년 3월에는 독일이 교주만(膠州湾)을 조차지(租借地)로 삼았고, 러시아는 요동반도의 여순(旅順)·대련(大連)을 조차지(租借地)로 삼았다. 영국도 산동반도의 위해위(威海衛)를 조차(租借)해서 1930년까지 조차지(租借地)를 유지했다. 위해위(威海衛)는 청일전쟁 중인 1895년 2월에 일본군이 점령했던 지역이다. 프랑스는 프랑스령 인도차이나 근처의 광주만(広州湾)을 조차지(租借地)로 삼았다. 영국은 홍콩(香港(향항))의 구룡반도(九龍半島) 신계(新界)를 추가로 조차(租借)해서, 홍콩 섬(香港島)과 구룡(九龍)을 합하여 홍콩

식민지(香港植民地)를 완성시켰다.[38]

1897년 자오저우만(膠州湾)의 칭다오(青島(청도)) 일대를 조차하면서 산둥반도(山東半島) 일대를 세력하에 둔 독일은 칭다오를 극동의 해군기지로 삼았고, 산둥반도 일대를 독일의 세력 아래 두었다. 독일인은 칭다오(青島)에 맥주 공장을 설립해서 맥주를 생산하기 시작했다. 그 맥주가 오늘날에도 생산·판매되고 있는 칭따오(Tsingtao) 맥주이다.[39]

(4) 의화단 사건(義和団事件)

1898년 중국 산둥성(山東省)에서 중국인 비밀단체인 의화단(義和団)을 중심으로 서양인 배척운동이 일어났다. 의화단(義和団)운동은 중국을 분할하여 식민지로 삼으려는 서구제국주의(Western imperialism)에 대항하여 일어난 민족주의운동의 일종이었다. 의화단(義和団)의 영어 표현은 the league of Righteous and Harmonious Fists이다. 서양에서는 의화단(義和団)을 'Boxers(권투선수

---

[38] 木村靖二·岸本美緒·小松久男 編, 『もういちど讀む山川世界史PLUS アジア編』, 山川出版社, 2022年, 251-252面 및 佐藤信·五味文彦·高埜利彦·鳥海靖 編, 『詳說 日本史研究』, 山川出版社, 2020年, 372-373面과 大津 透·久留島典子·藤田 覚·伊藤之雄, 『もういちど讀みとおす山川新日本史 下』, 山川出版社, 2022年, 70面, 104面, 그리고 平凡社地圖出版 編集·制作, 『ASAHI ORIGINAL デュアル·アトラス 2019-2020年版 日本·世界地圖帳』, 朝日新聞出版, 2019年, 65面, 67-68面.

[39] Josephine Quinn, 『How the World Made the West: A 4,000-Year History』, Bloomsbury Publishing, 2024, p. 281.

들)'라고 불렀다.

　의화단운동(義和団運動)은 중국 화북(華北) 일대에 널리 퍼져 각지에서 기독교 교회가 습격당하고 서양인이 살해당했다. 의화단(Boxers)이 주장하는 것 중에는 100일간 무술을 수련하면 총에 맞아도 안 죽는다는 내용이 있었다. 1900년에 이르러 의화단운동이 격화되어 중국 내 서양인들이 큰 위험에 처하게 되자 일본 및 서양 8개국 연합군이 의화단의 난(亂)을 진압하였다. 의화단을 진압하는 데 수만 명의 연합군이 소요되었다. 비록 실패로 끝났지만, 의화단 운동은 청나라 제국의 종말(demise)을 앞당겼다. 1901년 9월 7일 청나라는 의화단 사건 처리를 위하여 열강과 불평등조약을 체결했다. 신축조약(辛丑條約 = Boxer Protocol)이라고 하며, 4억 5,000만 냥(兩)의 배상금을 지불할 것, 베이징(北京)에 열강의 군대가 주둔하는 것을 허용할 것이 조약 내용에 포함되어 있었다.

　1963년에 개봉된 할리우드(Hollywood) 블록버스터(blockbuster) 영화 「북경의 55일(55 Days at Peking)」에서 의화단(Boxers) 사건을 묘사한 것과 달리 실제로 연합군의 대부분은 일본군이었다. 일본군이 주력이 되어 의화단의 난(亂)이 진압된 결과를 지켜본 영국은 일본을 동양의 강국(強國)으로 인정하였고, 1902년에는 영일동맹을 체결하게 된다. 영일동맹에 따라 영국이 엄정중립을 유지할 것이라는 확신을 가진 일본은 1904년에 러시아를 상대로 전쟁을 벌였다. 1905년 고전(苦戰) 끝에 일본은 러시아에 승리했다. 결국 일본은 중국 동북 지역 및 조선에서의 세력확장정책을 계속 방해해 온 러시아에게 복수하게 된 것이다.[40]

(5) 제남 사건(濟南事件)

제남(濟南)은 중국 산둥성(山東省(산동성))에 위치한 도시로 산둥성의 성도(省都)이다.

1928년 4월 중국에서는 2차 북벌(北伐)이 개시되었다. 국민혁명군 총사령관 장제스(蔣介石(장개석))의 지휘를 받는 북벌군(北伐軍)은 급진격(急進擊)하여 동북군벌의 장작림(張作霖, 1875~1928년)을 격파하고 6월에는 북경에 입성하여 북벌(北伐)의 완성을 선언했다. 그 와중에 일본은 일본인 거류민(居留民)의 보호를 구실로 제2차 산동출병(山東出兵)을 행했다. 일본군은 제남(濟南)에서 국민혁명군과 무력충돌을 일으켰고 다수의 중국 측 군민(軍民) 사상자(死傷者)가 발생했다. 이것이 제남 사건(濟南事件)이다. 제남 사건을 계기로 중국 민족주의(nationalism)의 반제국주의운동(反帝國主義運動)의 표적은 영국에서 일본으로 전환되었다. 장제스가 이끄는 국민정부

---

40) Ian Morris, 『Why the West Rules - for Now: The Patterns of History, and What they reveal about the Future』, Profile Books, 2011, pp. 524-525 및 Linda Jaivin, 『The Shortest History of China』, Old Street Publishing, 2022, pp. 147-151, 그리고 Dorling Kindersley Limited, 『20th century : A Visual Guide To Events That Shaped The World』, Dorling Kindersley(DK) Limited, 2012, pp. 32-33.

(国民政府)의 일본관(日本觀)은 현저하게 악화되었다.[41]

제남(濟南)은 중국 국민정부(国民政府)와 만주군벌(滿洲軍閥)세력의 경계에 있는 산동성(山東省)의 중심 도시였다. 일본(日本)은 중국 국민정부(国民政府)의 북벌군(北伐軍)세력이 제남시(濟南市) 지역 이상으로 북상하게 되면 러일전쟁에서 피의 대가로 얻은 만주에서의 일본의 권익이 위협받게 될 것으로 생각했다. 그래서 일본은 산동출병(山東出兵)을 행하여 제남 사건(濟南事件)을 일으킨 것이다. 이런 의미에서 제남 사건(濟南事件)은 1931년에 일어난 만주사변(滿洲事變)의 전초(前哨)라고도 할 수 있다.[42]

(6) 중일전쟁(中日戰爭)에서 우호 관계

1937년에 발발한 중일전쟁(中日戰爭)으로 인하여 중국에서의 미국과 영국의 권익이 침해되어 가고 있었다. 미국은 일본과 싸우는 중국을 지원하기 시작했다. 1939년 미국은 일본에 일미통상항해조약(日米通商航海条約)의 폐기를 통고하면서 경고했다. 미국으로부터 물자 수입의 보장을 상실한 일본은 미국에 대항하기 위하여 1940

---

41) 木村靖二·岸本美緒·小松久男 編, 『詳說 世界史研究』, 山川出版社, 2020年, 458面 및 大津 透·久留島典子·藤田 覚·伊藤之雄, 『もういちど讀みとおす山川新日本史 下』, 山川出版社, 2022年, 121面.

42) 岡本隆司, 『世界史とつなげて學ぶ 中國全史』, 東洋經濟新報社, 2020年, 234-236面 및 J. M. Roberts and O. A. Westad, 『The Penguin History of the World』 Sixth edition, Penguin Books, 2014, p. 927 그리고, John Keay, 『China: A History』, Harper Press, 2009, p. 507.

년에 일본·독일·이탈리아 3국 군사동맹을 맺었다. 일본은 유럽에서 프랑스가 독일에게 점령당한 상황을 이용하여 프랑스령 북부 인도차이나에 군대를 파견하여 미국·영국 등이 중국의 장개석(蔣 介石) 정부에게 물자를 원조하는 노선(route)인 '원 장 루트(援 蔣 route)'를 차단시키려 했다.

1940년 6월 유럽에서는 프랑스가 독일에게 점령당했고, 점령당한 직후 프랑스에서는 독일에 협력하는 비시(Vichy) 정부가 새로 성립하였다. 일본은 비시(Vichy) 정부와 교섭을 거친 후, 프랑스령 북부 인도차이나에서의 비행장 사용과 군대를 파견해도 좋다는 비시(Vichy) 정부의 승낙을 받았다. 1940년 9월 일본은 프랑스령 북부 인도차이나에 군대를 진주(進駐)시키기 시작했다. 1941년 7월 자원 확보가 절실했던 일본군은 프랑스령 남부 인도차이나로 진군(進軍)했고, 이것은 미국을 더욱 자극시켰다. 미국은 미국 내 일본 자산을 동결하고 일본에 대한 석유수출을 전면 금지했다. 일본은 미국과 협상하고자 했으나 미국은 묵살(默殺)했다. 미국은 일본군이 중국 내에서 완전히 철수(撤收)할 것을 요구했다. 일본은 미국과의 협상이 실패할 경우 미국·영국 및 네덜란드령 동인도(인도네시아의 여

러 섬들)를 공격하기로 결정했다.[43]

당시 유럽대륙에서 프랑스가 독일군에게 점령당하는 상황을 간략히 정리하면 다음과 같다.

1939년 9월 1일 독일은 폴란드를 침공했다. 이에 대하여 9월 3일에 영국·프랑스는 독일에 선전포고를 했다. 1940년 5월, 독일은 독일·프랑스 국경선을 통하여 프랑스를 직접 공격하지 않고 네덜란드와 벨기에를 통하여 우회해서 프랑스를 공격했다. 독일의 기계화 부대는 벨기에와 프랑스 국경의 틈새인 아르덴(Ardennes) 숲을 돌파해서 프랑스를 침공했고 수 주일 만에 프랑스를 점령했다. 아르덴은 벨기에 남동부와 룩셈부르크, 프랑스 북동부 일부에 걸쳐 있는 숲과 산악 지역이다.

1940년 5월 11일 독일은 먼저 네덜란드를 공격해서 5월 15일에 네덜란드를 점령했다. 5월 28일 독일은 중립국 벨기에에도 공격하여 항복을 받아 냈다. 독일은 벨기에와 접한 프랑스 국경선을 통해서 프랑스를 침공했고, 따라서 독일과 접한 프랑스 국경선에 있는 프랑스의 마지노선 요새는 무용지물이 되었다. 프랑스는 패전했고 1940

---

[43] 佐藤信·五味文彦·高埜利彦·鳥海靖 編, 『詳說 日本史研究』, 山川出版社, 2020年, 468面 및 大津 透·久留島典子·藤田 覚·伊藤之雄, 『もういちど讀みとおす山川新日本史 下』, 山川出版社, 2022年, 141面, 그리고 R. H. P. Mason & J. G. Caiger, 『A History of Japan』 Revised Edition, Tuttle Publishing, 1997, pp. 348-349 및 Christopher Harding, 『Japan Story: In Search of a Nation, 1850 to the Present』, Penguin Books, 2019, pp. 205-206, 그리고 Jonathan Fenby, 『The History of Modern France: From the Revolution to the War on Terror 』, Simon & Schuster, 2016, p. 286.

년 6월 22일 독일과 휴전협정이 체결되어 남북으로 분할되었다. 르와르강 북부의 프랑스는 독일군이 직접 점령하고 남부 프랑스는 필리프 페탱을 국가원수로 하여 비시 정부를 구성해서 통치했다. 영어로는 비시 프랑스(Vichy France)라고 한다. 비시 정부에 맞서 샤를 드골은 런던에서 망명 정부 자유 프랑스(France libre)를 창설했다. 연합군의 노르망디 상륙작전으로 1944년 프랑스가 독일로부터 해방되기까지 4년 동안, 독일에 협력한 비시 프랑스(Vichy France)와 독일에 저항한 자유 프랑스(France libre)가 대립했다.[44]

(7) 태평양전쟁(太平洋戰爭)에서 우호 관계

하와이 현지 시간으로 1941년 12월 7일 일요일 아침 일본군은 영국 및 네덜란드의 식민지가 있는 지역인 동남아시아의 말레이반도에 상륙함과 동시에 하와이의 미국 해군기지 진주만을 공격했다.[45] 그 이후 1941년 12월 18일 일본군은 홍콩 섬에 기습(奇襲) 상륙 했다. 일본군의 공격을 받은 홍콩의 영국군은 1941년 12월 25일에 항복했다. 일본군은 점령지 홍콩에서 한바탕 강간과 살인을 저지르고 다녔다.[46] 12월 말까지 일본군은 말라야반도(Malaya 半島) 남부 조호

---

44) 주섭일, 『프랑스의 나치협력자 청산』, 사회와 연대, 2017년, 16-18면, 20-21면 및 Jeremy Black, 『FRANCE A Short History』, Thames & Hudson, 2021, p. 169.

45) 每日新聞社編, 『日本の戰爭 2 太平洋戰爭』 新裝版, 每日新聞社, 2010年, 125面.

46) 每日新聞社編, 『日本の戰爭 2 太平洋戰爭』 新裝版, 每日新聞社, 2010年, 127面 및 Robert Tombs, 『The English and Their History』 Revised edition, Penguin Books, 2023, p. 729.

르(Johore)지방에 도달했고, 싱가포르(Singapore) 섬으로 건너갈 준비를 했다. 그러는 동안 오스트레일리아 국민들 사이에는 일본군이 오스트레일리아 해안에 상륙할 것이라는 소문이 퍼졌다. 오스트레일리아 국민들의 분위기는 걱정에서 공포로 변했다.[47] 1942년 2월 15일에는 싱가포르(Singapore)의 영국군이 일본군에 무조건 항복했다. 영국군 포로들과 민간인들은 일본군으로부터 잔악 행위를 당했다. 아시아에서 영국의 위신은 종말을 고했다.[48]

1942년 3월 8일 일본군은 영국령 버마(the British possession of Burma)의 수도인 양곤(Yangon)을 점령했다. 일본군은 영국령 버마를 점령하여 미국·영국 등이 중국의 국민당(Kuomintang)에게 물자를 원조하는 주요 노선(main supply route)을 차단하였다. 영국은 버마에서의 패배를 역전시켜야 했다. 또 미국의 주장에 따라 중국으로 가는 육로(陸路)를 다시 열어야 했다. 1944년 3월부터 7월까지 버마와 인도 국경 지대에서 영국과 일본이 전투를 벌였다. 임팔전투(Battle of Imphal)라고 부른다. 임팔(Imphal)은 인도 북동부지방에 위치한 곳으로, 미국·영국 연합군이 중국의 국민당에게 물자를 원조하는 보급로의 출발 지점이라는 전략적 요지였다. 임팔전투에서 일본군은 참패(慘敗)했다. 일본군은 약 60,000명을 잃었다. 총병력의 3분의 2였다. 일본육군 역사상 가장 큰 패배였다. 일

---

47) Manning Clark, 『A Short History of Australia』fourth revised edition, Penguin Books, 2006, p. 287.

48) Robert Tombs, 『The English and Their History』 Revised edition, Penguin Books, 2023, pp. 729-730 및 每日新聞社編, 『日本の戰爭 2 太平洋戰爭』新裝版, 每日新聞社, 2010年, 142-143面.

본군을 몰아내고 다시 버마를 점령한 미국·영국 등 연합군의 수송대 (convoys)는 1945년 1월에 처음으로 중국 윈난성의 쿤밍(昆明(곤명))에 도착했다. 그러나 연합군은 이미 항공기를 이용하여 중국 등에 물자를 원조하고 있었기 때문에 연합군이 회복한 물자원조노선 (supply route)은 중요성이 줄어들었다.[49]

2 중국과 미국

(1) 미국의 서세동점(西勢東漸)

미국은 1700년대 후반에 중국과 무역을 시작했다. 1843년, 중국은 자국의 5개 항구도시를 무역을 원하는 서양(西洋) 국가들에 무역항으로 개방했다. 1895년 청일전쟁에서 일본에 패한 중국은 약한 국가라는 사실이 드러났고, 이 틈을 노린 열강(列强)은 재빠르게 중국에서 각종 이권을 취하였다. 중국 내에서 미국만 배제되고 있다는 우려에서 미국 정부는 중국과 무역하는 모든 나라는 동등한 대우를 받아야 한다는 내용의 문호개방정책(門戶開放政策)을 천명(闡明)했다. 하지만 미국의 문호개방정책을 공식적으로 통보받은 유럽 국가들은 이를 무시했다. 그러나 미국은 유럽 국가들의 무시를 문호개방

---

49) H. P. Willmott·Charles Messenger·Robin Cross, 『DK WORLD WAR Ⅱ』, Dorling Kindersley, 2012, pp. 248-250 및 每日新聞社編, 『日本の戰爭 2 太平洋戰爭』 新裝版, 每日新聞社, 2010年, 148面, 그리고 Robert Tombs, 『The English and Their History』 Revised edition, Penguin Books, 2023, p. 740.

정책에 동의하는 침묵으로 받아들였다. 1900년 중국에서 의화단(義和團) 사건이 발생한 이후에 미국의 국무장관 존 헤이(John Hay)는 중국의 문호개방정책을 강화했다.[50]

1900년 전후 중국 내에서 유럽열강과 일본이 각종 이권을 취하는 동안, 미국은 이권 획득 경쟁에서 배제되어 불리한 상황에 처했다. 하지만 미국은 1914년에 발발(勃發)한 제1차 세계대전 때 전쟁에 휩싸인 유럽열강이 몰락하는 상황에 편승(便乘)하여 어부지리(漁夫之利)를 얻어 경제적으로 대약진(大躍進)하였다. 미국은 전쟁 중인 유럽에 군수물자와 농산물을 수출하여 막대한 수입을 얻었다.[51]

19세기에서 들어서면서 산업혁명을 추진하고 있던 미국은 1848년 멕시코와의 전쟁(Mexican War)에서 승리한 후 캘리포니아를 획득했고 그 후 미국 서부지방이 급속하게 개발된 것을 배경으로 태평양을 횡단하여 중국과의 무역을 구상하였다.[52] 태평양에 면한 캘리포니아주를 획득한 미국은 환태평양(環太平洋, Pacific Rim) 국가가 되었고 태평양을 건너 아시아 지역으로 진출하는 것이 가능해졌다.

---

50) Stephanie Muntone, 『U.S. History Demystified』, McGraw-Hill, 2012, pp. 273-274.
51) 宮崎正勝, 世界〈経済〉全史「51の転換点」で現在と未来が読み解ける, 日本実業出版社, 2017年, 300-301面.
52) 佐藤信·五味文彦·高埜利彦·鳥海靖 編, 『詳說 日本史研究』, 山川出版社, 2020年, 319面 및 Stephanie Muntone, 『U.S. History Demystified』, McGraw-Hill, 2012, p. 164.

미국은 환태평양(環太平洋) 노선(路線)을 항로(航路)로 이용하여 청나라와 무역을 하고자 했고, 상선(商船)과 북태평양에서 조업하는 포경선(捕鯨船)이 연료·식료를 보급받기 위한 기항지(寄港地)가 필요했다. 그리하여 미국은 일본에 대하여 강하게 개국(開國)을 요청했다. 결국 1854년 일본은 미국 페리(Perry) 함대의 위력에 굴복하여 일미화친조약(日米和親條約)을 체결했다.[53]

19세기 중반 태평양에서는 이미 여러 나라 국민들의 대규모 이주(migration)가 있었다. 자발적인 이주도 있었고 비자발적인 이주도 있었고, 그 중간적인 성격의 이주도 있었다. 미국 동부 사람들의 서부 캘리포니아로의 유입과 영국인들의 뉴질랜드 정착이 눈에 띄게 늘어났다. 1860년의 뉴질랜드에서는 유럽 사람들의 숫자가 뉴질랜드의 원주민인 마오리(māori) 사람들보다 많아졌다. 골드러시(gold rush)가 자발적인 이주의 중요한 원인이었다. 골드러시는 상업적 가치가 있는 금이 발견된 지역에 노동자들이 대거 이주하였던 현상이다. 캘리포니아에서는 1848년에 골드러시가 두드러졌고, 오스트레일리아에서는 1851년에, 뉴질랜드에서는 1861년에 각각 골드러시가 두드러졌다.

비자발적인 이주는 영국에서 범죄자들을 오스트레일리아와 노퍽

---

[53] 上野高一외 5인 執筆/高橋典嗣외 3인 監修, 『沖縄のトリセツ』, 昭文社, 2021年, 70面 및 佐藤信·五味文彦·高埜利彦·鳥海靖 編, 『詳說 日本史研究』, 山川出版社, 2020年, 319面과 Stephanie Muntone, 『U.S. History Demystified』, McGraw-Hill, 2012, p. 274.

섬(Norfolk Island)으로 보낸 경우가 대표적인 사례이다. 노퍽 섬은 오세아니아에 있는 작은 섬으로 오스트레일리아와 뉴질랜드, 뉴칼레도니아(New Caledonia) 사이에 있다.

동아시아 사람들과 남아시아 사람들의 이주(migration)는 주로 연기계약 노동(indentured labor) 형식으로 이루어졌다. 연기계약(年期契約) 노동은 자발적이었으나 강압 혹은 속임수에 의해서 이루어지는 경우가 많았다.

참고로 연기계약(年期契約)이란 17~18세기 유럽에서 미국으로 이주할 때, 도항비(渡航費)를 선불하여 주는 대가로 일정 기간(4~7년) 동안 노동에 종사할 것을 약정하는 계약이다. 미국으로 이주한 후에는 주로 농업노동자가 되었으며, 연기(年期) 만료 후에는 일정한 토지와 농기구를 배당받아 자영(自營) 농민이 될 수 있었다. 연기계약이민(年期契約移民)은 흑인 노예가 많아지면서 점차 사라졌다.

1860년대부터 중국 사람들이 연기계약 노동(indentured labor) 형식으로 미국, 오스트레일리아, 하와이(Hawai'i)를 포함한 태평양의 여러 섬으로 이주했다. 1865~1866년에는 타히티(Tahiti)로 간 1,000명의 중국인이 면화농장에서 일했다. 타히티(Tahiti)는 남태평양에 위치한 프랑스령 폴리네시아에 속한 섬이다. 1874년부터는 영국의 식민지인 피지(Fiji)에 인도인들이 많이 이주했다. 피지(Fiji)는 태평양 멜라네시아 동부에 있는 섬나라이다. 1879년부터 1916

년까지 피지로 이주한 인도인들은 6만 명이 넘고 이들은 특히 설탕산업(sugar industry)에서 일했다. 일본 사람들과 필리핀 사람들은 19세기 중반부터 하와이(Hawai'i)에서 영향력이 큰 노동자들이 되었다.

한편 오스트레일리아, 미국, 캐나다에서는 특히 중국인들에 대한 이민배척주의 정서가 있었다. 캐나다로 들어오는 모든 중국인에 대하여 인두세(人頭稅)가 부과되었다. 오스트레일리아의 식민지 파푸아뉴기니(Papua New Guinea)에서는 아시아인 노동 금지령이 있었다.

1866년 당시 미국의 센트럴 퍼시픽 철도(Central Pacific Railray)의 철로 작업 중에서 땅을 파는 작업의 거의 전부는 중국인 노동자들에 의하여 이루어졌다. 중국인 노동자들은 백인 노동자들 못지않았고, 싸우거나 파업을 일으키는 경향도 더 적었다. 중국인 노동자들은 한 달에 30달러($)를 지급받았고 기숙사 생활을 했다.[54]

(2) 북청사변(北靑事変)

19세기 후반 유럽열강(列强)은 중국 곳곳에 침투하여 중국을 분할

---

54) Jeremy Black, 『A Brief History of the Pacific: The Great Ocean』, Robinson, 2023, pp. 155-157 및 平凡社地図出版 編集·制作, 『ASAHI ORIGINAL デュアル·アトラス 2019-2020年版 日本·世界地図帳』, 朝日新聞出版, 2019年, 110-112面.

하여 각종 이권을 획득하는 데 열을 올리고 있었다. 열강(列强)의 침투에 반발하는 청(淸)나라 민중 사이에서 외국인 배척 기운이 고조되었다. 1898년 중국 산동성(山東省)에서 의화단(義和団)을 중심으로 '부청멸양(扶淸滅洋)'을 부르짖는 서양인 배척운동이 일어났다. 부청멸양(扶淸滅洋)은 청나라 조정(朝廷)을 도와 서양을 멸망시킨다는 의미이다.

의화단운동(義和団運動)은 중국의 화북 일대(華北一帶)에 널리 퍼져 각지에서 외국인 선교사와 기독교 신자들이 살해당했다. 1900년에는 북경(北京)에서 외국 공사관(公使館)이 청나라 군사와 민중에 포위되어 위협을 받고 있었다. 이에 일본·미국·영국·러시아·프랑스·독일·오스트리아·이탈리아 8개국은 연합군을 파견해서 의화단의 난(義和団의 乱)을 진압하고 외교관과 거류민을 구출했다. 일본과 러시아의 군대가 의화단의 난을 진압하는 연합군의 주력이었다. 당시 미국은 필리핀 독립전쟁(필리핀-미국전쟁(Philippine-American War))에 직면해 있었기 때문에 여유가 없었지만 연합군의 일원으로 군대를 파견했다. 이것을 북청사변(北淸事変) 또는 의화단 사건(義和団事件)이라고 한다.[55]

1963년 미국에서 개봉한 영화「북경의 55일」은 청나라 말기에 발생한 북청사변(北淸事変)을 다룬 미국 영화이다. 북청사변(北淸事

---

55) 佐藤信·五味文彦·高埜利彦·鳥海靖 編,『詳説 日本史研究』, 山川出版社, 2020年, 377面 및 木村靖二·岸本美緒·小松久男 編,『詳説 世界史研究』, 山川出版社, 2020年, 417面.

変)을 서양(西洋)의 입장에서 흥미롭게 연출한 영화이다. 엄청난 제작비용이 들어간 이 영화는 찰턴 헤스턴, 에바 가드너 등 유명한 배우들이 대거 출연하는 등 거대 스케일로 유명했다. 영화 제목 'Fiftyfive Days at Peking'에서 페킹(Peking)은 베이징(Beijing)의 옛 표기이지만 현재에도 일본어에서 베이징(北京)은 페킹(ペキン = ぺきん)으로 표기되고 있다.

(3) 중일전쟁(中日戰爭)

　1937년에 발발한 중일전쟁(中日戰爭) 당시 미국의 루스벨트(Roosevelt) 행정부는 중국에서 진행되고 있는 일본의 침략적 행동을 강하게 비난하고 있었다. 일본의 중국 침공에 대응하여 미국은 중국을 지원했다. 1939년 미국은 일본에 일미통상항해조약폐기를 통고하면서 경고했다. 미국으로부터 물자 수입의 보장을 상실한 일본은 미국에 대항하기 위하여 1940년에 일본·독일·이탈리아 3국 군사동맹을 맺었다. 일본은 1940년 6월에 유럽에서 프랑스가 독일에게 점령당한 상황을 이용하여 독일에 협력하는 프랑스 비시(Vichy) 정부와 교섭을 거친 후, 1940년 9월에 프랑스령 북부 인도차이나에 군대를 진주(進駐)시키기 시작했다. 일본은 북부 인도차이나 지역에서 미국·영국 등이 중국의 장개석(蔣介石) 국민당 정부에게 물자를

원조하는 루트(route)를 차단시키려 했다.⁵⁶⁾

(4) 태평양전쟁(太平洋戰爭)

1941년 12월 일본이 하와이에 있는 미국 해군기지 진주만을 기습하면서 미국을 공격하자 중국은 연합국의 일원이 되어 일본과 싸우게 되었다. 미국은 중일전쟁(中日戰爭)에서 일본과 싸우고 있던 중국 국민당(Kuomintang)의 후원자가 되었다. 중국 국민당의 지도자 장개석(蔣介石)은 1941년 12월 미국이 일본과 전쟁에 돌입하면서 연합국 지도자 중 한 명으로 인정되었다. 중국에서 벌어지고 있던 중일전쟁(中日戰爭)은 더 큰 범위의 전쟁인 제2차 세계대전의 일부분이 되었다.⁵⁷⁾

(5) 태평양전쟁 종결 후 발발한 국공내전(國共內戰)과 미국

1937년 중국을 침략한 일본을 격퇴하기 위해 중국 국민당(Nationalists)과 중국 공산당(Communists)은 협조체제를 구축하였

---

56) 佐藤信·五味文彦·高埜利彦·鳥海靖 編, 『詳說 日本史硏究』, 山川出版社, 2020年, 468面 및 大津 透·久留島典子·藤田 覚·伊藤之雄, 『もういちど讀みとおす山川新日本史 下』, 山川出版社, 2022年, 141面과 Paul Kennedy, 『The Rise and Fall of the Great Powers: Economic Change and Military Conflict from 1500 to 2000』, William Collins, 2017, p. 391 및 주섭일, 『프랑스의 나치협력자 청산』, 사회와 연대, 2017년, 20-21면.

57) Dorling Kindersley Limited, 『20th century: A Visual Guide To Events That Shaped The World』, Dorling Kindersley(DK) Limited, 2012, p. 89.

다. 하지만 일본이 태평양전쟁에서 패배하자 두 세력의 협력 관계는 하룻밤 만에 증발해 버리고 중국은 큰 혼란에 빠졌다. 중국 국민당과 중국 공산당은 중국 영토를 차지하기 위하여 쟁탈전을 벌였다. 1946년 6월 중국 국민당의 지도자 장제스(蔣介石)는 마오쩌둥(毛澤東)이 이끄는 중국 인민해방군(People's Liberation Army)에 대하여 대대적인 공격을 개시했다. 1946년 6월 당시 중국 국민당의 병력 수는 중국 인민해방군의 병력 수보다 3배 이상 많았다. 그러나 1949년 1월에 화이하이(淮海)에서 벌어진 결정적 전투에서 중국 인민해방군에게 패배한 중국 국민당세력(勢力)은 붕괴되었다. 미국의 트루먼(Harry S. Truman) 대통령은 중국 국민당의 지도자 장제스(蔣介石)에 대한 모든 지원을 중단했다. 1949년 4월 중국 인민해방군은 중국 국민당의 수도 난징(南京)을 함락했다. 1949년 10월 1일 중국 공산당의 지도자 마오쩌둥은 베이징을 새로운 수도로 정하고 중화인민공화국(the People's Republic of China)의 수립을 선포하였다.[58]

(6) 중국 공산당(Communists) 및 국민당(Nationalists)과 미국

1946년부터 1949년까지 중국에서 벌어진 국민당과 공산당의 싸움에서 공산당이 승리했다. 중국은 소련 다음으로 세계에서 두 번

---

58) Dorling Kindersley Limited, 『20th century: A Visual Guide To Events That Shaped The World』, Dorling Kindersley(DK) Limited, 2012, pp. 144-145.

째 공산주의 강국이 되었다. 1950년에 발발한 한국전쟁(Korean War)에서 중화인민공화국의 군대는 미군(美軍)을 중국의 국경을 위협하고 있는 이국(異國)의 침입자로 간주하고 미국과 싸웠다. 중국 공산당은 타이완(Taiwan) 정권을 지원하는 동시에 중화인민공화국을 유엔(UN, United Nations)으로부터 차단시키기 위하여 지속적으로 애쓰는 미국에 몹시 분개했다.[59]

시간이 흐름에 따라, 중국 공산당(Communists)과 미국과의 관계는 개선되었다. 1971년 마침내 중화인민공화국(the People's Republic of China)은 중화민국(Republic of China)을 밀어내고 유엔(UN)에 가입하게 되었고 유엔 안전보장이사회(United Nations Security Council) 상임이사국(Permanent members)의 자리를 차지했다. 1972년에는 미국의 대통령 리처드 닉슨(Richard Nixon)이 중국을 방문했고, 미국과 중화인민공화국(the People's Republic of China)의 관계는 정상화(正常化)되었다.[60]

---

[59] R. R. Palmer·Joel Colton, 『A History of the Modern World』, Eighth Edition, McGraw-Hill, Inc. 1995, p. 917.

[60] R. R. Palmer·Joel Colton, 『A History of the Modern World』, Eighth Edition, McGraw-Hill, Inc. 1995, p. 918.

3 중국과 러시아

일러두기에서 밝혔듯이 이 책에서 사용하는 국명 '러시아'는 1917년에 일어난 러시아혁명으로 멸망한 '러시아제국'과 혁명 이후 1922년에 탄생한 '소련(蘇聯)'을 의미한다. '소련'은 '소비에트 사회주의 공화국 연방'의 줄임말이다.

소련은 1991년에 붕괴하여 해체되었다. 15개의 공화국으로 분열했는데, 그 후 발트 3국은 유럽연합에 참가(參加)했고 나머지 12개국은 1993년에 러시아를 중심으로 독립국가공동체(CIS)를 결성했다. CIS는 Commonwealth of Independent States의 약자이다. 독립국가공동체에서 구소련(旧蘇聯)의 주요 부분을 계승한 러시아가 국외핵병기(国外核兵器)와 우주개발기지(宇宙開發基地)의 관리를 떠맡고, 우크라이나의 남쪽 흑해로 돌출해 있는 크림반도에 있는 세바스토폴 해군기지를 러시아령에 편입했다.[61]

(1) 러시아의 동방 진출(東方進出)과 청나라

러시아는 1552년에 시베리아 입구를 확보하고 1582년에는 시베리아로 진출하기 시작했다. 모피(毛皮)를 구하기 위한 러시아는 동방으로의 진출을 진행하여 17세기 전반에는 태평양 연안(沿岸)에 도달

---

61) 田邉 裕, 『もういちど讀む山川地理』[新版], 山川出版社, 2017年, 63-64面.

했고 더 나아가 아무르(Amur)강을 거슬러 올라갔다. 아무르강은 중국에서 헤이룽강(黑龍江(흑룡강))이라고 불린다. 그로 인하여 17세기 중반부터는 청나라의 국경에 접하게 되었고 청나라와 충돌이 시작되었다. 1689년 청나라는 러시아와 강화(講和)를 도모하여 동(東)시베리아의 '네르친스크'에서 조약을 맺고 동시베리아 지역에서 중국과 동부국경(東部國境)을 정했다. 뒤이어 1727년에는 동(東)시베리아의 국경도시 '캬흐타'에서 청나라와 러시아 사이에 국경조약이 체결되어 동(東)시베리아의 서부국경(西部國境)이 획정되었다. 그 후 '캬흐타'는 러시아와 청나라 사이의 교역장(交易場)이 되었고, 러시아에서 차수요(茶需要)가 많아짐에 따라 '캬흐타'를 통하여 러시아와 청나라 사이에 무역이 확대되었다.

19세기 중반에 이르러서 러시아의 동방 진출(東方進出)이 재개되었다. 1847년 러시아의 동(東)시베리아 총독이 된 무라비요프(Muraviyov)는 극동의 조사·탐험도 진행하면서 제2차 아편전쟁(1856~1860년) 당시 기회를 포착하여 1858년에 청나라와 아이훈조약(愛琿條約(애혼조약))을 체결하고 아무르(Amur)강 북쪽의 토지를 획득했다. 아이훈(愛琿)은 오늘날 중국 헤이룽장성(黑龍江省(흑룡강성))의 헤이허(黑河(흑하))에 해당하는 지역이다. 1860년 러시아는 청나라로부터 우수리(Ussuri)강 동쪽의 토지를 획득하여 연해주(沿海州)라고 명칭을 붙였고, 1861년에 연해주에 블라디보스토크

군항(軍港)을 건설하기 시작했다.[62]

연해주에 위치한 블라디보스토크는 러시아의 극동 군사기지로 출발한 도시이다. 참고로 19세기 말 블라디보스토크(Vladivostok)의 상황을 잠시 살펴본다.

1894년 영국의 여성 지리학자 이사벨라 버드 비숍은 조선에 입국하여 4년 동안 여행하고 『조선과 그 이웃 나라들』을 저술했다. 그녀에 따르면, '동방의 보물'이라는 뜻을 가진 블라디보스토크는 매우 인상적이었다. 태평양 연안에 위치한 블라디보스토크는 아시아적인 것이 아니었으며 유럽보다도 더 대서양적이었다. 블라디보스토크의 발전은 주목할 만한 것이어서 1878년에 인구가 1,400명이었으나 1897년에는 2만 5,000명이 되었다. 그중 3,000명이 조선 사람이었는데 이들은 도시로부터 1마일 떨어진 곳에 자신들의 정착지를 마련하여 짐꾼과 짐마차꾼으로 생활했다. 매년 봄이면 중국 산동성에서 8,000~1만 명의 중국인이 노동 계약을 맺고 들어왔다가, 12월이면 25~50달러를 들고 계약 만료와 함께 귀국했다. 사할린 형무소의 기결수 노동자들은 고용할 만한 인력이 아니었다. 블라디보스토크의 특색 가운데 하나인 중국인 상점은 독일인과 러시아인보다 싼값으로 물건을 팔고, 점차 거래량도 늘어나고 있었다. 블라디보스토크에는 미국 서부를 압도하는 군국주의의 열풍이 널리 퍼져

---

62) 木村靖二·岸本美緒·小松久男 編, 『詳說 世界史研究』, 山川出版社, 2020年, 382-383面 과 木村靖二·岸本美緒·小松久男 編, 『もういちど讀む山川世界史PLUS アジア編』, 山川出版社, 2022年, 230-231面.

있었다. 메마른 해안 위에 제일 먼저 세운 건물은 군 병원과 막사이며, 도시에 가까워질수록 막사는 복잡해졌다. 여성은 압도적으로 적었다.[63]

   19세기 중반에 이르러 러시아는 중앙아시아 방면에 있어서도 남하를 개시해서 청나라의 영역에 접하게 되었다. 1860년대에 중국 서북부에서 이슬람교도가 청나라에 대하여 반란을 일으켰다. 이 반란에 대응하여 러시아는 1871년에 출병(出兵)하여 이리(伊犁)를 점령했다. 한편 청나라는 1878년까지 이슬람교도의 반란을 평정(平定)하고 이리(伊犁)를 제외한 신강(新疆) 지역을 제압했다. 이리(伊犁)를 둘러싸고 러시아와 청나라가 대치하면서 양군(兩軍) 사이에 긴장이 고조되고 있는 가운데 청나라는 증국번(曾国藩)의 아들 증기택(曾紀澤)을 러시아에 파견하여 교섭하게 하였다. 교섭 결과 체결된 것이 1881년 '이리조약(伊犁條約)'이다. '상트페테르부르크조약'이라고도 한다. 이 조약으로 이리(伊犁)는 청나라에 반환되었고 중국의 서부국경(西部國境)이 획정되었다. 여기서 서부국경(西部國境)은 중앙아시아 지역에서 청나라와 러시아의 국경을 말한다. 이후 청나라는 1884년 이 지역에 신강성(新疆省)을 설치했고, 한족(漢族)이 신강(新疆)으로 이민(移民) 가는 것을 장려하는 등 지배 강화를 추진하였다.[64]

---

63) I. B. 비숍 지음/신복룡 역주, 『조선과 그 이웃나라들』 개정판, 집문당, 2021년, 215-225면.

64) 木村靖二·岸本美緒·小松久男 編, 『もういちど讀む山川世界史PLUS アジア編』, 山川出版社, 2022年, 231-232面과 木村靖二·岸本美緒·小松久男 編, 『詳說 世界史硏究』, 山川出版社, 2020年, 383面.

'이리(伊犁)'는 현재 중국 신장성(新疆省(신강성)) 웨이우얼(위구르) 자치구의 서부 지역에 위치하고 있으며 카자흐스탄과의 국경에 있는 지역이다. 오늘날에는 이닝(伊寧(이녕))이라고 부른다.

'위구르족(Uyghur people)'은 중앙아시아의 튀르크계 민족으로 현재 중화인민공화국의 신장 위구르 자치구(新疆維吾爾自治區(신강유오이자치구))에 살고 있는 민족이다. 중화인민공화국 정부에서는 웨이우얼(維吾爾(유오이))이라는 이름의 중국 소수민족으로 인정한다.

(2) 러시아의 중국 내 이권 획득

1895년 청일전쟁의 패배로 중국 청나라는 약체로 드러났고, 이후 서구열강은 중국에서 이권을 획득하기에 바빴다. 1897년 독일이 먼저 중국 산동반도의 자오저우만(膠州湾(교주만))을 점령하자 러시아는 요동반도(遼東半島)의 여순(旅順)을 점령했다. 1898년 3월 러시아는 요동반도의 여순(旅順)·대련(大連)을 조차지(租借地)로 삼았다.[65]

또한 청나라의 양해 아래 러시아는 1897년부터 1902년에 걸쳐 만주횡단철도(Trans-Manchurian Railway, TMR)를 건설했다. 중국 동북(東北) 대륙을 횡단하여 건설했기 때문에 시베리아 남동부에

---

[65] 木村靖二·岸本美緒·小松久男 編, 『もういちど讀む山川世界史PLUS アジア編』, 山川出版社, 2022年, 251-252面 및 佐藤信·五味文彦·高埜利彦·鳥海靖 編, 『詳說 日本史研究』, 山川出版社, 2020年, 372-373面과 平凡社地圖出版 編集·制作, 『ASAHI ORIGINAL デュアル·アトラス 2019-2020年版 日本·世界地図帳』, 朝日新聞出版, 2019年, 65面, 67面.

위치한 도시 치타(Chita)에서 러시아의 태평양 연안에 있는 도시 블라디보스토크까지 좀 더 빨리 갈 수 있는 지름길이 되었다.[66] 만주를 장악하려는 러시아의 야심으로 건설되었는데, 러일전쟁(1904~1905년)의 패배로 러시아는 창춘(長春)에서 뤼순(旅順)까지의 구간을 일본에게 넘겨주게 되었다. 이 구간을 남만주철도(南滿洲鐵道)라고 부른다. 남만주철도는 일본제국의 남만주철도주식회사(南滿洲鐵道株式會社)가 경영하였다.

만주(滿洲)는 중국 동북(東北)지방을 지칭하는 지명이다. 만주(滿洲)는 중국 청나라 왕조(王朝)의 발상지(發祥地)이다. 만주는 만주족(滿洲族)의 땅이며 중국에서는 동삼성(東三省)이라고 불렀다. 동삼성(東三省)은 랴오닝성(遼寧省), 지린성(吉林省), 헤이룽장성(黑龍江省)을 말한다. 랴오닝성(遼寧省)은 20세기 전반에는 펑톈성(奉天省)이라고도 불렀다. 일본에서는 만주의 한자표기를 '滿州'라고 쓰는 경우가 많지만 '滿洲'라고 쓰는 것이 보편적이다.[67] 오늘날의 만주(滿洲)는 동삼성(東三省)과 내몽골 자치구의 삼시일맹(三市一盟) 지역을 일컫는 지명이다. 삼시일맹(三市一盟)은 내몽골 자치구 동북부 지역으로 만주의 일부다.

---

66) Josephine Quinn, 『How the World Made the West: A 4,000-Year History』, Bloomsbury Publishing, 2024, p. 281.

67) 岡本隆司, 『世界史とつなげて學ぶ 中國全史』, 東洋經濟新報社, 2020年, 199面, 212-214面 및 太平洋戰爭硏究會 編／平塚柾緒 著, 『圖說 寫眞で見る滿州全史』新裝版, 河出書房新社, 2018年, 19面.

(3) 의화단 사건(義和團事件)

1898년 중국 북부 지역 산동성(山東省)에서 의화단운동(義和團運動)이 발생했다. 의화단운동은 중국을 분할하여 식민지로 삼으려고 하는 서구제국주의(Western imperialism)에 대항한 중국 민중들의 서양인 배척운동이다. 1900년에 의화단의 난(亂)이 격화되었지만, 일본·서양 연합군에 의하여 진압되었다. 연합군의 대부분은 일본군이었다. 일본군이 주력이 되어 의화단의 난(亂)이 진압된 결과를 지켜본 영국은 일본을 동양의 강국(強國)으로 인정하였고, 동아시아 지역에서 러시아를 견제하기 위해 1902년에 영일동맹을 맺었다. 연합군 중 러시아군도 대군을 파견하였는데 이들은 의화단의 난이 진압된 후에도 철수하지 않고 중국 동북(東北) 지역을 점령했다.[68]

(4) 러일전쟁 후 러시아의 중국 내 이권 상실

1902년에 체결된 영일동맹에 따라 영국이 엄정중립을 유지할 것이라는 확신을 가진 일본은 1904년 러시아와 전쟁을 일으키고, 고전(苦戰) 끝에 1905년 러시아에 승리했다. 일본은 중국 동북 지역 및 조선에서 세력확장정책을 계속 방해해 온 러시아에게 성공적으

---

68) Dorling Kindersley Limited, 『20th century: A Visual Guide To Events That Shaped The World』, Dorling Kindersley(DK) Limited, 2012, pp. 32-33 및 Ian Morris, 『Why the West Rules - for Now: The Patterns of History, and What they reveal about the Future』, Profile Books, 2011, p. 525, 그리고 Linda Jaivin, 『The Shortest History of China』, Old Street Publishing, 2022, pp. 147-150 및 木村靖二·岸本美緒·小松久男 編, 『詳說 世界史硏究』, 山川出版社, 2020年, 418面.

로 복수한 것이다.[69] 전쟁에서 승리한 일본은 남만주(南滿州)에서 러시아가 향유(享有)하고 있던 모든 권익을 이어받았다.[70] 일본이 획득한 것은 요동반도 남부에 위치한 여순(旅順)·대련(大連)의 조차권(租借權), 동청철도지선 남부(東淸鐵道支線南部)의 이권이었다.[71] 동청철도지선 남부는 남만주철도(南滿洲鐵道)를 말한다. 1906년에서 1907년 사이 남만주(南滿洲)에 대한 일본의 배타적 개발 진행은 문호개방(門戶開放)을 주장하며 남만주 지역으로 진출할 계획이었던 미국의 반발을 불러일으켰다.[72] 1907년 러시아와 일본은 북만주(北滿洲)에서는 러시아의 권익을 인정하고 남만주(南滿洲)에서는 일본의 권익을 인정하는 내용의 밀약(密約)을 체결했다.[73]

---

69) Ian Morris, 『Why the West Rules - for Now: The Patterns of History, and What they reveal about the Future』, Profile Books, 2011, p. 525 및 Linda Jaivin, 『The Shortest History of China』, Old Street Publishing, 2022, pp. 147-151.

70) 佐藤信·五味文彦·高埜利彦·鳥海靖 編, 『詳說 日本史研究』, 山川出版社, 2020年, 383面.

71) 木村靖二·岸本美緒·小松久男 編, 『詳說 世界史研究』, 山川出版社, 2020年, 418面 및 木村靖二·岸本美緒·小松久男 編, 『もういちど讀む山川世界史PLUS アジア編』, 山川出版社, 2022年, 256面과 佐藤信·五味文彦·高埜利彦·鳥海靖 編, 『詳說 日本史研究』, 山川出版社, 2020年, 381面.

72) 木村靖二·岸本美緒·小松久男 編, 『詳說 世界史研究』, 山川出版社, 2020年, 418面 및 木村靖二·岸本美緒·小松久男 編, 『もういちど讀む山川世界史PLUS アジア編』, 山川出版社, 2022年, 256面과 佐藤信·五味文彦·高埜利彦·鳥海靖 編, 『詳說 日本史研究』, 山川出版社, 2020年, 383面.

73) 大津 透·久留島典子·藤田 覺·伊藤之雄, 『もういちど讀みとおす山川新日本史 下』, 山川出版社, 2022年, 82面.

(5) 중국 만주(滿洲) 지역에서 러시아와 일본의 전투 및 일소중립조약(日蘇中立條約)

1937년에 발발(勃發)한 중일전쟁(中日戰爭)의 마무리에 고심하고 있던 일본은 1938년 장고봉 사건(張鼓峰事件)과 1939년 노몬한 사건(ノモンハン事件)을 일으켜서 만주와 소련 국경 및 만주와 몽고 국경에서 소련과 전투를 벌였다.[74]

1938년 장고봉 사건(張鼓峰事件)이 발생했다. 장고봉(張鼓峰)은 조선 영토, 만주 영토, 소련 영토가 접한 지역이었다. 1938년 7월 9일 일본 측이 만주(滿洲) 영토라고 주장하는 장고봉(張鼓峰)에 소련군이 진지(陣地)를 쌓아 올리기 시작했다. 일본군 참모본부(參謀本部)는 일본 외무성(外務省)을 통하여 소련군에 항의를 함과 동시에 조선군(朝鮮軍) 제19사단(師團)을 국경 지역에 집결시켰다. 7월 30일 조선군 제19사단은 장고봉(張鼓峰) 일대의 소련군을 공격했다. 8월 2일 소련군은 전차(戰車)·중포(重砲)의 지원을 받으며 전투기까지 동원해서 대반격(大反擊)을 개시했고, 6일부터는 병력을 증강해서 본격적인 공세(攻勢)에 나섰다. 전투기도 중포(重砲)도 없는 일본군은 사상자가 속출했고 결과적으로 1개 사단(師團)이 전멸 직전 상태가 되는 등 장고봉(張鼓峰) 전투에서 패배했다. 소련군은 장고봉(張鼓峰) 지역을 회복하였다. 8월 11일 소련이 정전(停戰)을 승인함으

---

74) 佐藤信·五味文彦·高埜利彦·鳥海靖 編, 『詳說 日本史研究』, 山川出版社, 2020年, 467面.

로써 장고봉 사건(張鼓峰事件)은 일단 끝났다.[75]

1939년 5월 노몬한 사건(ノモンハン事件)이 발생했다. 소련에서는 할힌골강(江) 사건이라고 한다.[76]

노몬한(ノモンハン)은 몽골인민공화국(외몽골)과 만주국(満洲国)의 국경 지역인 할하강(Khalkha river) 유역에 있는 초원(草原) 지대이다. 노몬한(ノモンハン)은 국경선이 확실치 않아 잦은 분쟁이 일어나는 지역이었다.[77] 당시 일본 관동군은 중국의 동북 지역인 만주(満洲)를 장악하고 있는 상황이었고 소련군은 몽골인민공화국(외몽골)과 상호원조조약을 맺고 있었다. 노몬한 사건(ノモンハン事件)에서 일본군은 소련·몽골인민공화국의 상호원조조약(相互援助条約)에 따라 새로 파견되어 온 기계화부대(機械化部隊) 중심의 소련군과 대치했다. 노몬한(ノモンハン) 전투는 5월 28일 일본군에 의하여 개시(開始)되었지만 일본군은 소련군에게 패했다. 8월 말에 이르자, 일본군은 몽골인민공화국 측이 주장하는 국경선으로부터 완전히 쫓겨났다. 일본군의 손해는 컸다. 9월 3일 일본 참모본부는 노몬한 전투를 중지하고 일본군을 전투 지역 밖으로 철수한다는 것을 분명히 밝혔다. 노몬한 사건은 동년 9월 15일 모스크바(Moscow)에

---

75) 毎日新聞社編, 『日本の戰爭 2 太平洋戰爭』 新裝版, 毎日新聞社, 2010年, 79面.

76) 毎日新聞社編, 『日本の戰爭 2 太平洋戰爭』 新裝版, 毎日新聞社, 2010年, 76-83面.

77) 平凡社地図出版 編集·制作, 『ASAHI ORIGINAL デュアル·アトラス 2019-2020年版 日本·世界地図帳』, 朝日新聞出版, 2019年, 62面 및 毎日新聞社編, 『日本の戰爭 2 太平洋戰爭』 新裝版, 毎日新聞社, 2010年, 76-83面.

서 정전협정(停戰協定)이 성립되어 종결됐다.[78]

1941년 4월 모스크바에서 일본은 소련과 불가침조약(non-aggression treaty)을 체결했다. 이 조약은 일본군이 동남아시아를 침공할 수 있는 본질적인 전제조건이었다. 당시 일본은 북수남진(北守南進)정책을 취하고 있었는데, 일본의 북쪽 소련 접경 지역은 지키고 남쪽 동남아시아 방면으로 진출한다는 정책이었다. 일본군의 동남아시아 진출에 대하여 미국·영국·네덜란드 등은 경계(警戒)하고 있었고, 결국 일본과 미국·영국·네덜란드 등이 충돌하게 되었다. 이 충돌이 태평양전쟁(Pacific War)이다.[79]

(6) 소련의 대일본 참전과 소련군의 중국 만주(滿洲) 침입

태평양전쟁이 끝나 갈 무렵 소련은 일본에 전쟁을 선포하고 그 다음 날인 1945년 8월 9일에 만주(滿洲)로 쳐들어갔다. 만주(滿洲)에 있는 일본군은 소련군에 압도당하여 일주일도 안 되어 완전 패배로 몰렸다. 소련군은 대싱안링(大興安嶺)(대흥안령))과 고비(Gobi) 사막을 건너 만주국(滿洲國)의 수도 신징(新京) 및 선양(瀋陽 = Mukden), 러허성(熱河省), 장자커우(張家口)에 도달했다. 또한 연해주

---

78) 每日新聞社編, 『日本の戰爭 2 太平洋戰爭』 新裝版, 每日新聞社, 2010年, 82-83面.

79) H. P. Willmott·Charles Messenger·Robin Cross, 『DK WORLD WAR Ⅱ』, Dorling Kindersley, 2012, pp. 111-112 및 佐藤信·五味文彦·高埜利彦·鳥海靖 編, 『詳說 日本史硏究』, 山川出版社, 2020年, 471面.

(Maritime Provinces)에 있는 소련군은 만주 북동부로 침입했고 남사할린(southern Sakhalin)에도 상륙했다. 만주에 있는 일본군은 1945년 8월 19일에 하바롭스크(Khabarovsk)에서 소련군에 항복했다. 소련군은 일본군의 저항을 거의 받지 않고 만주(滿洲) 및 북한(northern Korea)을 점령했다.[80]

(7) 중국 공산당(Communists)과 소련의 관계

1946년부터 1949년까지 중국에서 벌어진 국공내전(國共內戰)에서 공산당이 승리했다. 세계에서 두 번째 공산주의 강국 중국의 출현은 소련의 이념적 지도력(ideological leadership)을 약화시켰다. 소련은 국공내전에서 중국 국민당(Nationalists)과 싸우고 있던 중국 공산당(Communists)을 전적으로 지원해 주지는 않았지만, 얄타협정(Yalta agreement)에 의하여 만주에서 소련이 획득한 이권(利權)을 새로 공산주의 정권이 수립(樹立)된 중국에 넘겨주었다. 1950년에 발발한 한국전쟁(Korean War)에서 중화인민공화국의 군대는 북한(北韓)을 도와 미국과 싸웠다. 1950년대에 중화인민공화국은 소련으로부터 군사원조, 자본차입(資本借入), 기술지원을 받았다. 한동안 중국은 소련에 가까이 다가갔다.[81]

---

80) H. P. Willmott·Charles Messenger·Robin Cross, 『DK WORLD WAR Ⅱ』, Dorling Kindersley, 2012, p. 292.

81) R. R. Palmer·Joel Colton, 『A History of the Modern World』, Eighth Edition, McGraw-Hill, Inc. 1995, p. 917.

그러나 1960년대에 중화인민공화국과 소련의 관계는 불편해졌다. 양국은 공산주의 이념적 지도력에 관한 경쟁의식에서, 그리고 러시아가 차르(tsars) 시대부터 확장시켜 온 내륙 아시아 지역에 대한 지배를 둘러싸고 서로 격렬한 비난을 퍼부었다. 마오쩌둥(毛澤東)은 1962년 쿠바 미사일 위기 사건에서 흐루쇼프(Khrushchev)의 소심하고 우유부단한 행동을 비난했다. 1969년에는 중국 만주(滿洲)와 소련 연해주(maritime Province)를 나누는 국경 지역을 흐르는 우수리(Ussuri)강을 따라 양국의 무력충돌이 있었고, 그 외 다른 중소국경 지역에서도 서로 대규모 병력이 정면으로 맞서는 일이 계속되었다. 중화인민공화국과 소련은 베트남전쟁(Vietnam War)에서 북베트남을 지원했고 북베트남은 전쟁에서 승리했다. 베트남전쟁이 끝난 후 북베트남은 소련의 지원을 받으면서 무력을 사용하여 캄보디아에 간섭하는 전쟁을 개시하였는데 중국은 이에 반발(反撥)하였다. 1980년대에 이르러 중화인민공화국과 소련은 관계가 회복되었고 양국 국경선을 따라 병력을 감축하기로 하는 약속도 있었다.[82]

---

82) R. R. Palmer·Joel Colton, 『A History of the Modern World』, Eighth Edition, McGraw-Hill, Inc. 1995, p. 918.

제2장
일본과 구미열강(欧美列強)의 우호·적대 관계

19세기 중반 일본의 북방 국경에 접한 러시아에 더하여 영국과 미국의 선박이 잇달아 일본의 항구에 와서 통상(通商)을 요구하면서 압박했다. 결국 일본은 개국(開國)하게 되었다. 동(東)아시아에서 통상(通商)을 요구하는 사건들이 빈발했던 것은 영국을 위시한 유럽에서 시민혁명(市民革命)에 이은 산업혁명(産業革命)이 발생한 세계정세(世界情勢)의 변동이 그 배경이었다.[83]

1 일본과 영국

일본과 영국은 제1차 세계대전 때에는 우호 관계였지만 제2차 세계대전 때에는 적대 관계가 되었다. 어제의 친구가 오늘의 적(昨日の友は今日の敵[84])이 된 상황이었다. 제1차 세계대전 때에 일본은

---
83) 佐藤信·五味文彦·高埜利彦·鳥海靖 編, 『詳說 日本史研究』, 山川出版社, 2020年, 318面.
84) 岡本隆司 監修, 『一冊でわかる中国史』, 河出書房新社, 2020年, 201面.

영국·프랑스·러시아 등으로 이루어진 연합국(Allies) 편으로 참전했다.[85] 제2차 세계대전 때에는 일본은 독일·이탈리아와 동맹을 맺고 영국·미국을 공격하였다.[86] 반대로 일본과 독일은 제1차 세계대전 때에 적대 관계였지만 제2차 세계대전 때에는 우호 관계가 되었다. 어제의 적이 오늘의 친구(昨日の敵は今日の友)가 된 상황이었다.

(1) 일본에 대한 영국의 통상 요구 및 영일화친조약(英日和親條約)

1844년에는 프랑스의 선박이, 1845년에는 영국의 선박이 류큐(琉球)에 내항(來航)하였다. 이들 유럽열강은 일본과 중국으로 항해하면서, 항로(航路) 도중에 머무르게 되는 기항지(寄港地)가 필요해서 류큐(琉球)에 개국(開國)·통상(通商)을 요구하였다.[87]

1854년 1월에 미국의 페리(Perry)는 군함 7척을 이끌고 일본으로 와서 에도만(江戶灣(강호만))을 측량하는 등 군사적으로 압력을 가하면서 조약의 체결을 강경하게 강요했다. 동년 3월에 에도막부(江戶幕府)는 페리(Perry) 함대의 위력에 굴복하여 일미화친조약(日米和親條約)을 체결했다. 곧이어 러시아의 푸챠친(Putyatin)도 내항하여 시모다(下田)에서 일본·러시아 화친조약을 체결했다. 또한 일본

---

85) J. M. Roberts and O. A. Westad, 『The Penguin History of the World』 Sixth edition, Penguin Books, 2014, p. 891.

86) J. M. Roberts and O. A. Westad, 『The Penguin History of the World』 Sixth edition, Penguin Books, 2014, pp. 960-961.

87) 佐藤信·五味文彦·高埜利彦·鳥海靖 編, 『詳說 日本史研究』, 山川出版社, 2020年, 318-319面.

은 영국 및 네덜란드와도 유사한 내용의 조약을 맺었다. 이로써 일본은 200년 이상 계속되어 온 쇄국정책(鎖国政策)에 종지부(終止符)를 찍고 개국(開国)하게 되었다.[88]

1854년에 체결된 영일화친조약(英日和親條約)으로 영국과 에도(江戶)막부 사이에서 공식적인 외교 관계를 시작하였고 1902년에 체결된 영일동맹(英日同盟)으로 발전했다.

(2) 의화단(義和團) 사건에서 연합군 관계

1898년 중국 산동성(山東省)에서 서양인의 기독교(基督教) 포교에 대항하여 중국인 단체인 의화단(義和團)을 중심으로 서양인 배척운동이 일어났다. 의화단은 '扶淸滅洋(부청멸양)'을 부르짖으며 기독교 신자를 살해하고 서구문명의 배척을 위해서 철도·전신을 파괴했다. 그 후 의화단(義和團)은 북경(北京)·천진(天津) 방면으로 이동하여 북경에 들어갔다. 청나라 조정(朝廷)의 보수배외파(保守排外派)는 의화단을 이용하여 서구열강에 대항하려는 계획(計劃)을 세웠다.

1900년에는 북경에 있는 서구열강의 공사관(公使館)이 의화단 무리에 포위되어 위험에 처했다. 일본 및 서구열강은 공사관원(公使館員)을 구출하기 위하여 8개국 연합군을 파견했다. 8개국 중 영국은 당시 남아프리카 전쟁에 직면하고 있었기 때문에 군대를 많이 파견할 여유가 없었다. 연합군의 주력은 일본군이었다. 일본군이 주력이

---

[88] 佐藤信·五味文彦·高埜利彦·鳥海靖 編, 『詳說 日本史研究』, 山川出版社, 2020年, 319-320面.

되어 의화단의 난(亂)이 진압되었고, 이에 영국은 일본을 동양의 강국(強國)으로 인정하였다. 1902년 일본과 영국은 동맹관계를 맺었다.[89]

(3) 일영동맹(日英同盟)

1890년대, 아시아·아프리카에서 서구열강의 세력권 분쟁의 중심은 영국 대 프랑스의 대립인 파쇼다 사건(Fashoda Incident)과 영국 대 러시아의 대립인 아프가니스탄을 둘러싼 분쟁이었다. 독일은 이와 같은 열강의 대립을 이용해서 유리한 지위를 차지하려고 했다. 그러나 러시아의 동아시아 진출을 경계한 영국은 러시아를 뒤에서 꼬드기는 독일 대신에 일본과의 제휴(提携)를 선택하여 1902년에 일영동맹(日英同盟)협약을 체결했다.[90] 이 협약은 청나라에서 영국의 이익과, 청나라·한국에서 일본의 이익을 양국이 서로 승인하고, 동맹국의 일방이 다른 나라와 교전할 경우에는 엄정중립을 지키고 제3국이 참전(參戰)해 올 경우에는 동맹국을 돕기 위해서 참전(參戰)한다는 내용이었다.[91] 영일동맹(Anglo-Japanese Alliance)

---

89) 木村靖二·岸本美緒·小松久男 編, 『詳說 世界史研究』, 山川出版社, 2020年, 417面 및 佐藤信·五味文彦·高埜利彦·鳥海靖 編, 『詳說 日本史研究』, 山川出版社, 2020年, 377面, 그리고 Ian Morris, 『Why the West Rules - for Now: The Patterns of History, and What they reveal about the Future』, Profile Books, 2011, p. 525.

90) 木村靖二·岸本美緒·小松久男 編, 『もういちど讀む山川世界史PLUS ヨ-ロッパ·アメリカ編』, 山川出版社, 2022年, 224面.

91) 大津 透·久留島典子·藤田 覺·伊藤之雄, 『もういちど讀みとおす山川新日本史 下』, 山川出版社, 2022年, 76-77面.

은 1904년에 일본이 유럽의 강국 러시아를 공격할 수 있는 보장책이 되었다. 영일동맹은 1923년까지 유지되었다.[92]

(4) 제1차 세계대전

제1차 세계대전 당시에도 영국과 일본의 동맹 관계는 유지되고 있었고 그로 인하여 일본은 영국이 속한 연합국에 가담하였다. 일본은 지중해 동부에 구축함 편대를 파견했고, 오스트레일리아에는 더 많은 부대를 파견했다. 제1차 세계대전에 참전한 일본군 사상자(死傷者)는 적었다. 그럼에도 제1차 세계대전 후 일본이 얻은 이익은 컸다.[93]

(5) 만주사변과 리튼 조사단(Lytton Commission)

1905년 러일전쟁이 끝난 이후 일본은 중국 만주지방에 있는 철도를 장악하고 있었다. 1931년 9월 일본은 만주지방의 묵덴(Mukden)에서 일본이 관리하고 있는 철도를 중국인들이 공격하여 선

---

[92] Clive Ponting, 『World History: A New Perspective』, Pimlico, 2001, p. 750 및 J. M. Roberts and O. A. Westad, 『The Penguin History of the World』 Sixth edition, Penguin Books, 2014, p. 848, 그리고 Paul Kennedy, 『The Rise and Fall of the Great Powers: Economic Change and Military Conflict from 1500 to 2000』, William Collins, 2017, p. 269.

[93] H. P. Willmott·Charles Messenger·Robin Cross, 『DK WORLD WAR II』, Dorling Kindersley, 2012, pp. 20-21.

로(線路)를 폭파했다고 날조(捏造)한 후, 중국을 비난하였다. 묵덴(Mukden)은 봉천(奉天) 또는 심양(瀋陽)의 다른 이름이다. 날조 사실을 구실로 하여 일본군은 만주를 침공하여 점령했다. 일본은 점령한 만주에 만주국을 세우고 푸이(溥儀(부의))를 만주국의 꼭두각시 지배자로 임명했다. 이때부터 일본은 중국 동북지방의 전 지역을 장악하려고 했다.[94]

중국은 일본군의 침략행위를 국제연맹(國際聯盟)에 제소했다. 연맹이사회(聯盟理事會)는 조사단(調査團) 파견을 결정하였다. 1932년 1월에 영국·독일·미국·프랑스·이탈리아 5개국 각 1명씩 총 5명의 조사위원으로 구성된 조사단이 결성되었다. 영국의 조사위원 리튼(Lytton)이 단장이었다. 리튼 조사단(Lytton Commission)은 1932년 2월 29일에 일본 도쿄에 도착하여 일본 대표자들과 접촉한 후, 3월 13일에 중국 상하이로 들어갔다. 리튼 조사단은 4월부터 6월 초순에 걸쳐서 만주에서 실지조사(實地調査)를 했고, 10월 1일에 연맹이사회(聯盟理事會)에 보고서를 제출했다. 보고서에 의하면 일본군의 행동은 합법(合法)이 아니며 만주국 건국(建國)도 중국인의 자발적 운동이 아니었다. 보고서는 중국과 일본의 분쟁 해결을 위하여 만주를 비무장지대로 할 것을 제안했다.[95]

1933년 2월 일본군은 만주지방의 러허성(熱河省(열하성))을 공격하여 점령했다. 러허성(熱河省)은 중국의 옛 행정구역으로 영어 표기

---

94) Dorling Kindersley Limited, 『20th century: A Visual Guide To Events That Shaped The World』, Dorling Kindersley(DK) Limited, 2012, p. 89.

95) 每日新聞社編, 『日本の戰爭 1 滿洲國の幻影』 新裝版, 每日新聞社, 2010年, 69面.

는 'Jehol'이다. 청나라 시기 러허성의 성도(省都)는 승덕(承德)이었다. 승덕(承德)에서 북경(北京) 중심지까지 직선거리는 대략 170km이다. 1933년 2월 국제연맹(國際聯盟)은 일본을 비난하면서 일본의 만주점령을 끝내라고 요구했다. 일본 대표는 항의 표시로 국제연맹 회의장에서 나와 버렸다. 1933년 3월 일본은 국제연맹을 탈퇴하였다.[96]

(6) 제2차 세계대전

1941년 12월 7일 일본은 하와이 진주만의 미군 기지를 기습 공격 함과 동시에 동남아시아의 영국 식민지 말라야(Malaya)를 공격했다. 말라야는 말레이반도와 그 주변 섬들로 이루어진 옛 영국령의 총칭이다. 1942년 2월 일본군은 싱가포르(Singapore)에 있는 영국군 기지를 함락시켰다. 포로로 잡힌 영국 및 영연방 군인들과 민간인들은 일본군으로부터 가혹한 대우를 받았다.[97]

1941년 12월 일본군은 버마 빅토리아 포인트를 점령한 후 북상하여 1942년 1월 19일에 버마 남동부의 타보이(Tavoy)를 점령했다. 1942년 3월 8일에는 버마의 수도 양곤(Yangon)을 점령했다. 버마를 점령한 일본군은 영국령 인도(India)를 위협했다. 인도의 영국군 특수부대 친디트(Chindits)는 버마의 정글로 파견되어 일본군

---

96) H. P. Willmott·Charles Messenger·Robin Cross, 『DK WORLD WAR Ⅱ』, Dorling Kindersley, 2012, p. 20.

97) Dorling Kindersley Limited, 『20th century: A Visual Guide To Events That Shaped The World』, Dorling Kindersley(DK) Limited, 2012, p. 114 및 每日新聞社編, 『日本の戰爭 2 太平洋戰爭』 新裝版, 每日新聞社, 2010年, 142-143面.

의 후방에서 게릴라전(guerrilla warfare)을 수행하였다. 영국 등 연합군은 1945년 여름이 되어서야 버마를 일본으로부터 탈환하게 된다.[98]

2 일본과 러시아

(1) 러시아의 동방 진출 및 일본과 북방(北方) 접경(接境)

  1853년 미국 동인도 함대 사령관 페리(Perry, 1794~1858년)가 일본에 내항하여 개국(開国)을 요구했다. 일본은 다음 해에 회답하기로 약속하여 페리가 이끄는 함대를 즉시 떠나게 했다. 그 직후 러시아의 사절(使節) 푸챠친(Putyatin, 1803~1883년)이 나가사키(長崎)에 내항하여 개국(開国)과 북방 국경(北方国境)의 획정을 요구했다.

  1854년 1월 미국의 페리(Perry)는 다시 함대를 이끌고 왔다. 동년 3월 에도막부(江戶幕府)는 페리 함대의 위력에 굴복하여 일미화친조약(日米和親條約)을 체결했다. 곧이어 러시아의 푸챠친(Putyatin)도 내항하여 시모다(下田)에서 일본·러시아 화친조약을 체결했다. 일본·러시아 화친조약에서 시모다(下田)·하코다테(函館) 외

---

98) H. P. Willmott·Charles Messenger·Robin Cross, 『DK WORLD WAR Ⅱ』, Dorling Kindersley, 2012, pp. 248-249 및 Dorling Kindersley Limited, 『20th century: A Visual Guide To Events That Shaped The World』, Dorling Kindersley(DK) Limited, 2012, p. 117, 그리고 每日新聞社編, 『日本の戰爭 2 太平洋戰爭』新裝版, 每日新聞社, 2010年, 148面.

에 나가사키(長崎)도 개항(開港)하는 것으로 정했다. 또 러시아와 일본의 국경에 관해서는 치시마 열도(千島列島 = 쿠릴 열도(Kuril Islands))의 이투루프 섬(択捉島) 이남(以南)을 일본령, 우루프 섬(得撫島) 이북(以北)을 러시아령으로 하고, 가라후토(樺太 = 사할린(Sakhalin))는 양국인잡거(兩国人雜居) 지역으로 하고 경계를 결정하지 않기로 했다.[99]

에도막부(江戶幕府) 말기 이래, 일본과 러시아 사이에서 현안(懸案)이 되고 있던 가라후토(樺太 = 사할린)의 영유(領有) 문제를 메이지(明治) 정부도 이어받아 교섭에 임하고 있었다. 그 후 러시아가 미나미가라후토(南樺太 = 남사할린(South Sakhalin))로의 진출을 점점 강화하자 일본 정부 내에서는 북해도(北海道) 개척에 전력을 다하기 위해 가라후토(樺太 = 사할린)를 포기하자는 의견이 강해졌다. 당시 개척차관(開拓次官) 구로다 기요타카(黒田清隆)의 주장에 따라 1875년(明治 8년)에 전권 공사(全權公使) 에노모토 다케아키(榎本武揚)가 가라후토·치시마 교환조약(樺太·千島交換条約 = 사할린·쿠릴 열도 교환조약)에 조인(調印)하였다. 이에 따라 가라후토(樺太 = 사할린) 전도(全島)를 러시아에 양도하고 그 대가로서 치시마 열도(千島列島 = 쿠릴 열도)를 일본령으로 정했다.

한편, 당시 미국과 일본의 소속 문제가 미해결 상태로 남겨져 있던 오가사와라 제도(小笠原諸島)에 대해서는 1876년에 미국 정부가

---

99) 佐藤信·五味文彦·高埜利彦·鳥海靖 編, 『詳說 日本史研究』, 山川出版社, 2020年, 319-320面.

일본령으로 승인해서 해결되었다.[100]

(2) 유럽열강의 중국 분할(中國分割)

1898년이 되면, 청일전쟁(淸日戰爭)을 통하여 약체(弱體)로 드러난 청나라에서 유럽열강 각국은 자신의 세력 범위를 본격적으로 설정하게 된다. 아시아의 대국 청나라는 반식민지 상태로 전락하게 된다. 이것을 중국 분할(中國分割)이라고 한다. 맨 먼저 독일이 산동반도(山東半島)의 교주만(膠州灣)을 조차(租借)했고, 러시아가 삼국간섭에 의해 일본이 청나라에 반환한 요동반도(遼東半島)의 여순(旅順)·대련(大連) 등을 조차했다. 그러나 1905년 러일전쟁에서 승리한 일본은 러시아로부터 요동반도(遼東半島)에 대한 지배권을 되찾아 오게 된다.

(3) 의화단 사건(義和團事件) 이후 만주에서 대립

1898년 유럽열강(列强)이 무력을 앞세워 경쟁적으로 중국을 분할하여 식민지로 삼으려는 데에 반발하여 중국의 화북 일대(華北一帶)에서 서양인을 몰아내자는 의화단운동(義和團運動)이 일어나 널리 확산되었다. 1900년에는 북경(北京)에서 서양 국가들의 공사관이 청나라 군사와 민중에 포위되어 위협을 받고 있었다. 일본 및 서

---

100) 佐藤信·五味文彦·高埜利彦·鳥海靖 編, 『詳說 日本史研究』, 山川出版社, 2020年, 344面 및 정인섭, 『신국제법 강의―이론과 사례』 6판, 박영사, 2016, 570면.

양 국가들은 연합군을 파견해서 의화단의 난(義和團의 乱)을 진압하고 북경에서 55일간 의화단에 의해 포위되어 있던 외교관과 거류민을 구출했다.[101]

그런데, 러시아는 의화단 사건이 수습된 후에도 십수만 명의 대군을 만주(滿州)에 남겨 두었다. 사실상 만주(滿州)를 점령한 것이었다. 더욱이 러시아는 청나라와 밀약(密約)을 맺고, 중국의 북부지방으로 남하(南下)하는 낌새를 보였다. 이 때문에 한국을 지배하려고 했던 일본은 한국 문제와 만주 문제(滿州問題)를 둘러싸고 러시아와 정면으로 대립하게 되었다.[102]

러시아의 동(東)아시아 진출을 위협으로 느낀 일본은 당시 중앙아시아 방면에서도 러시아와 대치하고 있던 영국과 이해관계가 일치하여 1902년 일영동맹(日英同盟)을 체결했다. 당시 영국은 유럽·인도·중동(中東)을 동(東)아시아보다 중시하고 있었고, 유럽의 발칸반도에서는 러시아와 대립하고 있었다. 영일동맹을 맺은 영국의 속내는 동(東)아시아에서 일본이 러시아를 견제해 주는 것이었다.[103] 일본은 영국이 프랑스가 러시아를 도와주지 못하게 막아 주기를 원했

---

101) 佐藤信·五味文彦·高埜利彦·鳥海靖 編, 『詳說 日本史研究』, 山川出版社, 2020年, 377面 및 木村靖二·岸本美緒·小松久男 編, 『詳說 世界史研究』, 山川出版社, 2020年, 417面.

102) 佐藤信·五味文彦·高埜利彦·鳥海靖 編, 『詳說 日本史研究』, 山川出版社, 2020年, 377-378面

103) 木村靖二·岸本美緒·小松久男 編, 『詳說 世界史研究』, 山川出版社, 2020年, 418面 및 佐藤信·五味文彦·高埜利彦·鳥海靖 編, 『詳說 日本史研究』, 山川出版社, 2020年, 378面과 大津 透·久留島典子·藤田 覚·伊藤之雄, 『もういちど讀みとおす山川新日本史 下』, 山川出版社, 2022年, 76-77面.

다. 당시 프랑스와 러시아는 동맹관계에 있었고 영국과 프랑스는 서로 협력을 모색하고 있었던 상황이기 때문이다. 영일동맹(英日同盟)으로 인하여 일본은 향후 러시아와 전쟁을 벌이는 데 있어 부담감을 줄일 수 있었다.[104]

(4) 일러전쟁(日露戰爭)

1895년 청일전쟁(淸日戰爭) 직후 발생했던 삼국간섭(三國干涉) 사건으로 인하여 조선(朝鮮)에서 일본의 위신은 떨어지고 러시아가 위세를 보이게 되었다. 청일전쟁(淸日戰爭)에서 승리한 일본이 청나라로부터 요동반도(遼東半島)를 할양받았는데, 러시아·독일·프랑스 3국이 일본에 외교적 압력을 행사하여 요동반도를 다시 청나라에게 반환하게 한 사건이 삼국간섭(三國干涉) 사건이다. 이 사실이 조선의 조정에도 전해지면서 고종의 왕비인 민비(閔妃) 일파는 반일친러정책(反日親露政策)을 채택했고 1895년 7월에 친러파 정권(親露派政權)이 조성되었다.

동년 10월 일본 공사 미우라 고로(三浦梧楼)는 흥선대원군(興宣大院君)을 옹립하여 쿠데타를 강행하기로 하고 일본 군인과 건달들을 조선 왕궁에 난입(亂入)시켜 민비(閔妃)를 살해했다. 그리고 조선에

---

[104] Robert Tombs, 『The English and Their History』 Revised edition, Penguin Books, 2023, p. 581 및 木村靖二·岸本美緒·小松久男 編, 『詳說 世界史研究』, 山川出版社, 2020年, 413-414面.

친일파 정권(親日派政權)을 수립시켰다.[105] 1896년 2월 조선 국왕 고종의 친위 관료들은 러시아의 베베르와 공모하여, 민비(閔妃) 살해 사건으로 인하여 일본세력을 두려워하게 된 고종을 러시아공사관으로 옮겼다. 이 사건을 '아관파천(俄館播遷)'이라 한다.

고종이 러시아공사관에서 1년간 머무는 동안 조선은 러시아와 친밀한 관계를 이어 갔다. 이 무렵 조선 정부는 이권을 얻으려고 접근한 서구열강에 각종 이권을 넘겨주게 되었는데 이것은 조선에 대한 일본의 독점적 침투를 견제하는 의미가 있었다. 일본은 이미 조선 내에서 열강 가운데 가장 많은 이권을 가지고 있었기 때문이다. 러시아의 견제로 조선에서의 독점적 이권을 잃는 것이 두려운 일본은 마침내 1904년에 러일전쟁을 일으키게 된 것이다.[106]

1901년 중국에서 의화단 사건이 수습(收拾)되고 1902년 일영동맹(日英同盟)이 체결되었지만 러시아는 의화단의 난(亂)을 진압하기 위해 파병했던 군대를 만주에 계속 주둔시키고 중국의 동북(東北)지방을 점령했다. 그 때문에 러시아에 대한 일본의 불신이 거세지면서 1903년에는 전쟁이 시작되는 것이 아닌가 하는 불안이 일본에 널

---

105) 大津 透·久留島典子·藤田 覚·伊藤之雄, 『もういちど讀みとおす山川新日本史 下』, 山川出版社, 2022年, 74面 및 佐藤信·五味文彦·高埜利彦·鳥海靖 編, 『詳說 日本史硏究』, 山川出版社, 2020年, 377面.

106) 邊太燮, 『韓國史通論 四訂版』, 三英社, 2022년, 405면 및 한영우, 『다시찾는 우리역사』 제2전면개정판, 경세원, 2022년, 451-452면.

리 퍼졌다.¹⁰⁷⁾ 중국 동북지방에서 러시아군의 철병 문제와 중국 동북지방과 조선에서의 이해관계 조절을 도모하기 위하여 일본과 러시아의 교섭이 행해졌지만 타협에 도달하지 못했다. 결국 조기개전(早期開戰)이 유리하다고 판단한 일본은 개전(開戰)을 결의했다.

1904년 2월 10일 일본은 러시아에 선전포고를 하였다. 하지만 이틀 전인 2월 8일에 일본 해군이 여순(旅順)을 기습 공격 하고 일본 육군 부대는 한국 인천에 상륙하였다. 러일전쟁은 선전포고를 하기 전에 시작된 것이었다. 당시 러시아제국 황제는 일본이 유럽의 강국을 상대로 전쟁을 개시할 것이라고 생각하지 못했다.¹⁰⁸⁾ 전쟁의 결과는 러시아의 굴욕적인 패배였다. 한국과 남만주에서 러시아제국 황제의 영향력은 끝났고, 한국과 남만주는 1945년까지 일본의 지배 아래 놓이게 되었다.¹⁰⁹⁾

여순(旅順)은 중국어로 '뤼순'이다. 여순(旅順)은 중국 랴오닝성(遼寧省)에 위치하고 있는 항구도시이고 영어로 'Port Arthur'라고 한다. 여순(旅順)은 랴오둥반도(遼東半島)의 남쪽 끝에 위치하고 있으

---

107) 大津 透·久留島典子·藤田 覚·伊藤之雄, 『もういちど讀みとおす山川新日本史 下』, 山川出版社, 2022年, 77面 및 木村靖二·岸本美緒·小松久男 編, 『もういちど讀む山川世界史PLUS アジア編』, 山川出版社, 2022年, 254面.

108) 木村靖二·岸本美緒·小松久男 編, 『もういちど讀む山川世界史PLUS アジア編』, 山川出版社, 2022年, 255面 및 佐藤信·五味文彦·高埜利彦·鳥海靖 編, 『詳說 日本史研究』, 山川出版社, 2020年, 379面과 Mark Galeotti, A Short History of Russia, Penguin Random House UK, 2022, p. 137.

109) J. M. Roberts and O. A. Westad, 『The Penguin History of the World』 Sixth edition, Penguin Books, 2014, p. 847.

며 삼면이 바다로 둘러싸인 항구도시로서 전략적으로 중요한 지역이다.[110] 여순(旅順)의 오늘날 명칭은 뤼순커우구(旅順口區)이며 중화인민공화국 랴오닝성 다롄(大連)시의 행정구역이다. 여순(旅順)은 다롄(大連)시와 합병하여 다롄(大連)시의 하위 행정구역이 된 것이다.

참고로 한국의 마산시(馬山市)도 중국 여순(旅順)과 비슷하게 인근에 위치한 창원시·진해시와 통합하여, 창원시 마산합포구와 마산회원구로 명칭이 변경되어 경상남도 창원시의 하위 행정구역이 되었다. 현재 마산시(馬山市)는 폐지된 행정구역이다. 마산은 예로부터 '합포(合浦)'로 불리던 중요한 항구였으며, 19세기 말부터 근대적인 항구로 개발되었다. 행정 명칭으로서의 마산시(馬山市)는 일제강점기인 1910년부터 2010년까지 100년간 존재했던 경상남도 중남부에 있던 시(市)이다.

러일전쟁이 발발(勃發)한 1904년 일본군은 육상에서 조선반도를 제압하고, 1905년 1월에 러시아의 여순요새(旅順要塞)를 함락시켜 러시아의 태평양 함대를 소멸시키고, 3월에는 봉천회전(奉天會戰)에서 승리하고, 5월에는 일본해해전(日本海海戰)에서 러시아의 발틱 함대를 전멸시켰다. 연이은 패배에 더하여 러시아는 내부적으로 '피의 일요일 사건'이 발생하여 제1차 러시아혁명으로 전개되는 등 더 이상 전쟁을 속행하는 것이 곤란하였다. 일본과의 전쟁에서 패배한 러시아는 1905년 9월에 미국 뉴햄프셔주에 있는 군항(軍港)도

---

110) 平凡社地図出版 編集·制作, 『ASAHI ORIGINAL デュアル·アトラス 2019-2020 年版 日本·世界地図帳』, 朝日新聞出版, 2019年, 67面.

시 포츠머스(Portsmouth)에서 미국 대통령 시어도어 루스벨트의 중재로 강화조약을 맺었다. 이 조약에 따라 일본은 북위(北緯) 50도선 이남의 사할린남부(= 미나미카라후토(南樺太))의 영유권을 획득했다. 또 한국에서 일본의 우월적 지위, 요동반도 남부의 여순(旅順)·대련(大連)의 조차권(租借權), 동청철도지선남부(東淸鐵道支線南部)의 이권을 획득했다. 동아시아로 러시아제국을 확대하려는 러시아 황제의 욕망은 아시아 국가 일본에 의하여 좌절되었다.[111] 동(東)아시아의 한쪽 구석에 있는 유색인종의 소국(小國) 일본이 예상에 반하여 백인 대국(大國) 러시아와 전쟁을 벌여 승리를 거둔 것은 세계에 충격을 주었다. 백인불패(白人不敗)의 신화가 깨졌기 때문이었다. 전쟁에서 승리한 일본 국민은 다른 아시아 민족에 대하여 우월감이 매우 강해졌다.[112] 그러나 러시아가 패배한 이유는 당시 러시아는 혁명이 일어나려는 움직임이 있는 등 전쟁을 더 이상 수행할 수 없는

---

111) Simon Jenkins, 『A Short History of Europe, From Pericles to Putin』, Penguin Random House UK, 2019, p. 235, 그리고 木村靖二·岸本美緒·小松久男 編, 『詳說 世界史研究』, 山川出版社, 2020年, 418面 및 木村靖二·岸本美緒·小松久男 編, 『もういちど讀む山川世界史PLUS アジア編』, 山川出版社, 2022年, 255-256面과 佐藤信·五味文彦·高埜利彦·鳥海靖 編, 『詳說 日本史研究』, 山川出版社, 2020年, 381面, 그리고 Mark Galeotti, 『A Short History of Russia』, Penguin Random House UK, 2022, p. 137 및 R. R. Palmer, Joel Colton, 『A History of the Modern World』, Eighth Edition, McGraw-Hill, Inc. 1995, p. 682.

112) Ian Kershaw, 『To Hell and Back Europe, 1914-1949』, Penguin Random House UK, 2016, p. 26, 그리고 佐藤信·五味文彦·高埜利彦·鳥海靖 編, 『詳說 日本史研究』, 山川出版社, 2020年, 382面 및 大津 透·久留島典子·藤田 覚·伊藤之雄, 『もういちど讀みとおす山川新日本史 下』, 山川出版社, 2022年, 79面, 그리고 R. R. Palmer, Joel Colton, 『A History of the Modern World』, Eighth Edition, McGraw-Hill, Inc. 1995, p. 681.

혼란스러운 국내 사정이 있었기 때문이었다.[113]

청일전쟁에 비하여 러일전쟁은 대규모 전쟁이었다. 일본의 희생이 컸다. 러일전쟁에 동원된 일본군은 약 130만 명이고, 그중 전몰자(戰歿者)는 8만 8,000명, 다치거나 병든 사람은 44만 명이었다.[114]

러일전쟁에서 일본의 승리와 러시아의 패배는 다음과 같은 반향을 일으켰다. 첫째, 러시아의 관심은 동아시아에서 유럽으로 변경되었다. 러시아는 유럽 발칸 지역에서 일어나는 일에 적극적인 활동을 재개했다. 둘째, 러시아의 패배는 위신 면에서나 군사력 면에서나 러시아 전제군주제 정부의 힘을 약화시켰다. 그 결과 1917년에 러시아대혁명이 발생했고 전제군주제는 폐지되었다. 셋째, 일본이 러시아에 승리했다는 소식은 아시아 사람들을 열광시켰다. 유럽의 강국 러시아를 상대로 전쟁을 벌인 아시아 국가 일본의 승리는 유럽열강의 식민지 지배를 받고 있던 아시아의 여러 나라를 자극시켜서 곳곳에서 아시아 민족의 봉기가 일어났다.[115]

---

113) Orlando Figes, 『The Story of Russia』, Bloomsbury Publishing, 2023, pp. 171-173.
114) 大津 透·久留島典子·藤田 覺·伊藤之雄, 『もういちど讀みとおす山川新日本史 下』, 山川出版社, 2022年, 79面.
115) R. R. Palmer, Joel Colton, 『A History of the Modern World』, Eighth Edition, McGraw-Hill, Inc. 1995, p. 682.

일본은 러일전쟁(露日戰爭) 후 동(東)아시아의 강국이 되었다.[116] 러일전쟁의 승리로 인하여 일본은 중국대륙으로의 진출을 본격적으로 시작했다. 1910년 8월에는 한국 병합(韓國倂合)을 강행하여 한국을 일본의 식민지로 만들었다. 일본은 남만주(南滿州)에서 러시아의 모든 권익을 이어받아 1906년에 관동도독부(関東都督府)를 두어 요동반도(遼東半島) 남단에 있는 일본의 조차지(租借地)인 관동주(関東州)의 행정을 맡겼다. 동시에 일본은 반관반민(半官半民)의 남만주철도주식회사(南満州鉄道株式会社)를 설립하여 장춘(長春)·여순구(旅順口) 사이의 철도와 그 지선(支線)을 비롯하여, 철도선로(線路) 인근에 있는 지역의 광산 등 모든 사업의 경영을 맡게 하면서 한 걸음 한 걸음 남만주로 세력을 늘려 나갔다.[117] 당시 미국은 문호개방(門戶開放)을 주장하며 만주 지역으로 진출할 계획이 있었다. 만주에서 일본의 팽창을 견제하기 위하여 미국은 만철(滿鐵)의 중립화(中立化)를 제안하기도 했다. 그러나 1907년 일본은 러시아와 비밀협약을 체결하여 러시아는 북만주(北滿洲)에서 권익을 유지하고 일본은 남만주(南滿洲)에서 권익을 유지하기로 상호 승인(相互承認)했고, 영국의 협조도 얻은 상태라서 남만주에서의 권익을 유지했다.[118]

---

116) 佐藤信·五味文彦·高埜利彦·鳥海靖 編, 『詳說 日本史研究』, 山川出版社, 2020年, 413面.

117) 佐藤信·五味文彦·高埜利彦·鳥海靖 編, 『詳說 日本史研究』, 山川出版社, 2020年, 383面.

118) 大津 透·久留島典子·藤田 覚·伊藤之雄, 『もういちど讀みとおす山川新日本史 下』, 山川出版社, 2022年, 81-82面.

관동군(関東軍)에 대하여 살펴보자.

1905년 9월 일러전쟁(日露戰爭)을 종결짓기 위해서 러시아와 일본은 미국 포츠머스(Portsmouth)에서 강화조약을 맺었다. 포츠머스조약의 결과, 일본은 러시아가 중국으로부터 조차(租借)하고 있던 금주반도(金州半島 = 요동반도 남부(遼東半島南部))의 조차권과 동청철도(東淸鉄道)의 하르빈(하얼빈)에서 여순(旅順)에 이르는 지선(支線) 중에서 창춘(長春) 이남(以南)과 그 철도선로(鉄道線路)를 중심으로 하는 폭 62m의 부속지(付属地) 그리고 푸순탄광(撫順炭鉱) 및 기타의 이권을 획득했다. 조차지(租借地)는 관동주(関東州)라고 불렀고, 관동도독부(関東都督府)의 행정하에 놓였다. 철도(鉄道)와 그 부속지(付属地)는 국책회사(國策會社)인 남만주철도(南満洲鉄道 = 만철(満鉄))의 경영에 맡겨졌다. 그리고 만철(満鉄) 수비(守備)를 위해 관동도독(関東都督)의 지휘하에 독립수비대(獨立守備隊) 6개 대대(大隊)가 설치되었고, 일본 국내에서도 1개 사단(師團)이 교대로 와서 주차(駐箚)했다.

1919년 관동도독부(関東都督府)가 관동청(関東庁)이 됨에 따라 관동군사령부조례(関東軍司令部条例)가 제정되어 관동군(関東軍)은 식민지 행정(植民地行政)으로부터 독립(= 자립(自立))하여 군사기구(軍事機構)가 되고 그 사령부는 여순(旅順)에 두었다. 관동군(関東軍)의 평시 임무(平時任務)는 '관동주(関東州)의 방비 및 만주(滿洲)에 있는 철도(鉄道)의 보호'였으므로, 관동군의 행동이 인정되는 범위는 관동주(関東州)와 철도(鉄道)의 부속지(付属地)이며, 그 한계를 넘어 행동하려면 천황의 명령(= 奉勅命令(봉칙명령))이 필요했다. 만주사변(滿洲事変) 발발(勃発) 후 관동군사령부(関東軍司令部)는 봉천(奉天)을 거쳐 1932년에 신경(新京 = 장춘(長春))으로 이전했다. 관동군사령관(関東軍司令官)은 관동청장관(関東庁長官)도 겸임했기 때문에 문자 그대로 만주국(滿洲国)의 지배자가 되었다.[119]

관동(關東)은 중국 만리장성의 동쪽 끝에 있는 관문(關門)인 산해관(山海關)의 동북일대(東北一帶)에 위치한 지역을 의미한다. '관외(關外)'라고도 하고 '관동(關東)'이라고도 하고, 또는 단순히 '동북(東北)'이라고 불리기도 했다. 관동(關東)은 만주 전역(滿洲全域)의 별칭(別稱)으로 볼 수도 있는 호칭(呼稱)이다. 산해관(山海關)은 옛날부터 외적을 방어하기 위한 중국의 군사 요충지로 알려져 있다.[120] 일본 역사서에서 말하는 관동주(關東州)는 여순(旅順)·대련(大連)을 중심으로 하는 요동반도의 남단 지역을 말한다. 관동군(關東軍)이란 명칭은 관동주(關東州)에서 온 것이다.[121]

러일전쟁 직후 남만주철도(南満州鉄道)와 관련된 만주의 사정을 어느 정도 알 수 있는 책으로 일본의 유명한 소설가 나쓰메 소세키(夏目漱石)의 『만한 이곳저곳(満韓ところどころ)』이 있다. 1909년

---

119) 每日新聞社編, 『日本の戰爭 1 滿洲國の幻影』 新裝版, 每日新聞社, 2010年, 23面.
120) 太平洋戰爭硏究會 編／平塚柾緒 著, 『圖說 寫眞で見る滿州全史 新裝版』, 河出書房新社, 2018年, 19面.
121) 佐藤信·五味文彦·高埜利彦·鳥海靖 編, 『詳說 日本史硏究』, 山川出版社, 2020年, 445面.

나쓰메 소세키가 일본 『아사히 신문』에 연재했던 것을 모은 기행문이다. 1909년 나쓰메 소세키는 일본의 만주철도(滿州鉄道)가 경영하는 『만주일일신문(滿州日日新聞)』의 초대로 만주와 한국을 여행했다. 나쓰메 소세키의 주요 여행 경로는 다음과 같다.

일본 도쿄(東京) → 고베(神戸) → 중국 다롄(大連) → 뤼순(旅順) → 푸순(撫順) → 하얼빈 → 창춘(長春) → 한국 신의주 → 평양 → 경성 → 인천 → 부산 → 일본 시모노세키(下關).[122]

당시 남만주철도주식회사(南滿州鉄道株式會社)의 총재는 나쓰메 소세키의 친구인 나카무라 요시코토(中村是公, 1867~1927년)였다.[123]

(5) 일본의 시베리아(Siberia) 출병(出兵)

제1차 세계대전 중 일본은 유럽의 지중해에 해군을 파견하는 등 연합군에 공헌했고 이른 시기에 참전(參戰)했기 때문에 전후(戰後) 파리강화회의에서 독일 세력권이었던 산동반도(山東半島)의 이권과 구(旧)독일령 남양 제도(南洋諸島)의 위임통치권(委任統治權)을 인정받았다. 또 일본은 전후에 성립한 국제연맹(League of Nations)

---

122) 나쓰메 소세키 지음/김유영 옮김, 『만주와 한국 여행기』, 소명출판, 2018년, 3-11면.
123) 나쓰메 소세키 지음/김유영 옮김, 『만주와 한국 여행기』, 소명출판, 2018년, 15면 및 太平洋戰爭硏究會 編／平塚柾緒 著, 『圖說 寫眞で見る滿州全史』 新裝版, 河出書房新社, 2018年, 21面.

에서 상임이사국이 되어 국제적 지위도 향상되었다. 제1차 세계대전은 경제 면에서 일본에 공전(空前)의 호경기(好景氣)를 가져다주었다.[124] 또한 제1차 세계대전 중에 러시아혁명이 발발(勃發)하여 시베리아로 진출할 기회가 찾아왔다. 그것은 소련(蘇聯)에 대한 간섭전쟁으로 미국 등과 공동으로 시베리아 출병을 하게 된 것이었다.

소련(蘇聯)에 대한 간섭전쟁은 러시아혁명 이후 적군(Red Army)과 백군(White Army) 사이에서 벌어진 전쟁인 러시아 내전(Civil War)에 구미열강 등 여러 나라가 간섭한 전쟁이다. 러시아 내전에 간섭한 주요 국가인 영국·프랑스·미국·일본은 백군(White Army)을 지지하여 적군(Red Army)과 싸웠다. 소련(蘇聯)에 대한 간섭전쟁인 대소간섭전쟁(対蘇干涉戦争)은 1918년부터 1922년까지 지속됐지만 결국 실패했다.[125]

제1차 세계대전(1914~1918년) 중인 1917년 연합국인 러시아에서 혁명이 일어나 사회주의 정권이 성립되었다. 사회주의 정권인 소비에트 정부가 연합국의 전쟁 상대국인 독일과 단독으로 강화를 맺고 연합국으로부터 탈락했다. 연합국 여러 나라는 러시아혁명의 영

---

124) 木村靖二·岸本美緒·小松久男 編, 『詳說 世界史硏究』, 山川出版社, 2020年, 453面.

125) 木村靖二·岸本美緒·小松久男 編, 『もういちど讀む山川世界史PLUS ヨーロッパ·アメリカ編』, 山川出版社, 2022年, 235面 및 木村靖二·岸本美緒·小松久男 編, 『詳說 世界史硏究』, 山川出版社, 2020年, 453面과 Antony Beevor, 『RUSSIA Revolution and Civil War 1917-1921』, Weidenfeld & Nicolson, 2023, p. 325 및 Clive Ponting, 『World History: A New Perspective』, Pimlico, 2001, pp. 757-758.

향이 널리 퍼지는 것을 우려하고 독일세력이 러시아 영내(領內)의 동방에까지 미치는 것을 큰 위협으로 생각했다.

그래서 1918년 영국·미국·프랑스 등 연합국은 러시아혁명군이 시베리아로 몰아붙인 연합국 측의 체코슬로바키아군(軍)을 구출한다는 이유로 시베리아에 군대를 파견하여 러시아혁명에 간섭했다. 일본도 연합국 측의 시베리아 출병에 협력하였다. 일본은 대륙으로 세력을 팽창시킬 목적으로 연합국의 요청을 받아들여 1918년 8월에 시베리아 출병을 선언하고 동(東)시베리아, 북만주(北滿州), 연해주(沿海州) 등에 군대를 출동시켰다. 그러나 출병(出兵)은 충분한 성과를 올리지 못했고 출병했던 서구 여러 나라의 군대는 1920년에 소련에서 모두 철병(撤兵)했다.

시베리아로 출병(出兵)한 일본군은 러시아혁명 후 적군과 백군 사이에서 벌어진 내란(1917~1921년)의 혼란을 주시(注視)하면서, 동(東)시베리아와 사할린 섬을 탐내고 있었다. 일본은 북만주(北滿洲)와 시베리아에 군사 정부를 설립하고 지역 경제권을 만들고 싶어 했다. 당시 일본의 한 신문은 "일본은 일본의 남아도는 인구를 만주와 시베리아로 보내는 것 외에 다른 출구(way out)가 없다."라고 보도한 바 있었는데, 이것은 일본이 시베리아로 출병(出兵)한 일본군을 철수시키지 않은 명백한 이유였다. 미국은 미국·일본 두 나라 군대를 동시에 시베리아에서 철수시키자고 일본에 제안했지만 일본은 거절했다. 일본은 여전히 병력을 시베리아와 연해주(沿海州)에 주둔시켰기 때문에 국내외적으로 일본 정부에 비난이 가해졌다. 결국 일

본군은 1922년에 철병하였다.[126]

(6) 노몬한 사건(ノモンハン事件)과 일소중립조약(日蘇中立條約)

노몬한 사건이 발생하기 1년 전인 1938년에 장고봉 사건(張鼓峰事件)이 발생했다. 장고봉 사건을 하산호 전투(Battle of Lake Khasan)라고도 한다. 장고봉 사건(張鼓峰事件)은 노몬한 사건(ノモンハン事件)의 전초전(前哨戦)이었다.

장고봉(張鼓峰)은 조선 영토, 만주 영토, 소련 영토가 접한 지역에 애매(曖昧)하게 자리잡고 있어서 각국의 지도(地図)에도 각기 다른 지대에 있었다. 1938년 7월 9일 일본 측이 만주 영토라고 주장하는 장고봉(張鼓峰)에 소련군이 진지(陣地)를 쌓아 올리기 시작했다. 일본군 참모본부(参謀本部)는 일본 외무성(外務省)을 통하여 소련군에 항의를 함과 동시에 조선군(朝鮮軍) 제19사단(師団)을 국경 지역에 집결시켰다. 대본영(大本営)은 소련이 일본을 상대로 전쟁을 할 의도가 있는지를 탐색해 보기 위해서 7월 20일에 무력행사명령(武力行使命令)을 발할 예정이었지만, 소련과의 전쟁이 개시될 위험성을 걱정하고 두려워한 천황(天皇)은 무력행사에 비판적이었다. 결

---

126) 佐藤信·五味文彦·高埜利彦·鳥海靖 編, 『詳説 日本史研究』, 山川出版社, 2020年, 418面 및 木村靖二·岸本美緒·小松久男 編, 『詳説 世界史研究』, 山川出版社, 2020年, 453面, 그리고 Antony Beevor, 『RUSSIA Revolution and Civil War 1917-1921』, Weidenfeld & Nicolson, 2023, pp. 369-370.

국 대본영(大本営)은 천황(天皇)의 재가(裁可)를 얻지 못했다. 대본영(大本営)은 조선군(朝鮮軍)에게 신중(慎重)을 기하라고 지시하고 국경 지역에 집결하고 있던 부대를 원래의 주둔지(駐屯地)로 되돌리라고 명령했다. 조선군 제19사단장(師団長) 스에다카(尾高)는 7월 29일에 소련군 여러 명이 장고봉(張鼓峰) 근처에 나타난 것을 기회로 받아들이고, 30일에 독단적으로 장고봉(張鼓峰) 일대를 공격할 것을 명령했다. 사단장 스에다카(尾高)의 지휘를 받는 조선군(朝鮮軍)은 31일 새벽, 어둠이 걷히기 전에 장고봉(張鼓峰)을 점령하고 소련과 교전 상태에 들어갔다. 대명위반(大命違反)에도 불구하고 대본영(大本営)도 조선군(朝鮮軍)도 사단장 스에다카(尾高)의 독단(独断)을 비난하지 않았다. 천황(天皇)도 소련군이 국경을 넘어온 것에 대하여 자위권 발동으로 소련군을 쫓아냈다고 아뢴 것(上奏(상주))을 받아들여 사단장 스에다카(尾高)의 행동을 승인했다.

8월 2일 소련군은 전차(戦車)·중포(重砲)의 지원과 전투기까지 동원해서 대반격(大反撃)을 개시했고, 6일부터는 병력을 증강해서 본격적인 공세(攻勢)에 나섰다. 전투기도 중포(重砲)도 없는 일본군은 사상자가 속출했고 결과적으로 1개 사단(師団)이 전멸 직전이 되었다. 8월 11일 자신의 영토라고 주장하는 국경선을 회복한 소련은 갑자기 정전(停戦)을 승인했고, 장고봉 사건(張鼓峰事件)은 일단 끝났다.[127]

---

[127] 毎日新聞社編, 『日本の戦争 2 太平洋戦争』 新装版, 毎日新聞社, 2010年, 79面.

조선군(朝鮮軍) 제19사단(師團)은 1915년 일본이 한반도에 2개 사단 증설을 결정한 후 나남(羅南)에 배치한 사단(師團)이다. 나남(羅南)은 함경북도 청진시(淸津市) 남부에 있는 지역이다. 또 하나의 사단인 제20사단(師團)은 용산에 배치했다. 제19사단은 시베리아 출병, 3·1독립운동 진압, 만주의 독립군 진압 임무를 수행했다. 1931년 만주사변과 1937년 중일전쟁 때에도 일본군의 임무를 수행했다. 제19사단의 임무는 러시아 견제, 중국대륙 침략, 독립군 탄압, 치안유지 등이었다.[128]

1939년 5월 노몬한 사건(ノモンハン事件)이 발생했다. 노몬한 사건을 할힌골 전투(Battle of Khalkhin Gol)라고도 한다. 일본과 소련 사이에서 벌어진 전투인 노몬한 사건은 소형(小型)의 태평양전쟁(太平洋戰爭)이었다.[129]

노몬한(ノモンハン)은 몽골인민공화국(외몽골)과 만주국(滿洲國)의 국경 지역인 할하강(Khalkha river) 유역에 있는 초원(草原) 지대로 국경선이 확실치 않아 분쟁이 자주 일어나는 지역이었다.[130] 당시 일본 관동군은 만주(滿洲)를 장악하고 있는 상황이었고 소련군

---

128) 김남일, 『한국 근대 문학 기행 함경도 이야기』, 학고재, 2023년, 239면.
129) 每日新聞社編, 『日本の戰爭 2 太平洋戰爭』 新裝版, 每日新聞社, 2010年, 76-83面.
130) 平凡社地図出版 編集·制作, 『ASAHI ORIGINAL デュアル·アトラス 2019-2020年版 日本·世界地図帳』, 朝日新聞出版, 2019年, 62面 및 每日新聞社編, 『日本の戰爭 2 太平洋戰爭』 新裝版, 每日新聞社, 2010年, 76-83面.

은 몽골인민공화국(외몽골)과 상호원조조약을 맺고 있었다.

노몬한 사건(ノモンハン事件)은 1939년 5월 중국 내몽고 자치구(內蒙古自治區)의 한 지역인 하이라얼(海拉爾(해랍이))에 주둔하고 있는 일본군 제23사단(師団)의 고마쓰바라 미치타로(小松原道太郎) 사단장의 다음과 같은 전보(電報)에서 시작되었다.

"외몽고(外蒙古 = 외몽골) 병사(兵士) 약 700명이 5월 12일 아침부터 노몬한(ノモンハン)의 남쪽 지역인 할하강(Khalkha river)을 건너 불법으로 국경선을 넘어왔고, 만주군(滿洲軍)의 일부와 교전 중에 있다. 외몽고(外蒙古) 병사들의 후방에는 증원부대도 있는 낌새라서 사단(師団)의 일부와 만주군(滿洲軍)에 의해 불법 월경(不法越境) 한 외몽고(外蒙古) 병사들을 공격하여 섬멸한다."

노몬한(ノモンハン) 사건은 국경선이 명확하지 않은 평원(平原) 지역에서 발생한 국경분쟁이다. 일본군은 기계화부대(機械化部隊) 중심의 소련군과 대치했다. 1939년 5월 28일 일본군에 의하여 개시(開始)된 노몬한 전투에서 일본군은 소련군에게 패했다. 동년 8월 말 일본군은 몽골(= 외몽고) 측이 주장하는 국경선으로부터 완전히 쫓겨났다. 일본군의 손해는 심(甚)했다. 전 병력 약 5만 6,000명 중 8,440명이 전사(戰死)했고 사상률(死傷率)은 30%가 넘었다. 특히 23사단(師団)은 1만 5,000명 중 사상자(死傷者)가 1만 2,000명

에 가까운 정도여서 사상률(死傷率)은 75%를 상회(上回)했다. 23사단은 괴멸(壞滅)한 것이다. 9월 3일 일본 참모본부는 노몬한 작전을 중지하고 일본군을 전투 지역 밖으로 철수할 것을 분명히 밝혔다.

소련에서는 노몬한 사건을 '할힌골강(江) 사건'이라고 한다. 소련이 할힌골 전투(Battle of Khalkhin Gol)에서 단기(短期)에 승부를 가리는 단기결전(短期決戰)을 지향(志向)했던 것은 1939년 8월 23일에 유럽에서 독일과 독소불가침조약(獨蘇不可侵條約)을 체결했고, 동년 9월 1일 독일이 폴란드를 침공하는 등 유럽정세의 변화에 따른 것이었다. 노몬한 사건은 동년 9월 15일 모스크바(Moscow)에서 정전협정(停戰協定)이 성립되어 종결됐다.[131]

노몬한 전투가 진행 중인 1939년 8월 소련과 불가침조약을 맺은 독일은 9월에 폴란드를 침공하였다. 소련과 독일은 폴란드를 분할·점령하여 서로 국경을 접하게 되었다. 1941년 4월 소련의 스탈린은 일본과 일소중립조약(日蘇中立條約)을 체결하여 독일과 일본의 동서동시공격(東西同時攻擊)의 위험성을 감소시켰다. 즉, 소련의 동부에서는 일본의 침공 위험을 예방하고 소련의 서부에서는 독일의 침공 위험을 예방하는 데 성공한 것이었다. 일소중립조약에 의해 일본에서는 '북쪽은 지키고 남쪽으로 나아간다'는 '북수남진(北守南進)'의 기운(氣運)이 강화되었다. 일본의 남진정책이 한층 더 진행되는

---

131) 每日新聞社編,『日本の戰爭 2 太平洋戰爭』新裝版, 每日新聞社, 2010年, 82-83面.

가운데 미국은 일본에 대한 경계심이 커졌다.[132]

　1938년 당시 유럽에서 영국·프랑스와의 대립이 깊어지고 있던 독일은 중국에 있던 군사고문단을 독일 본국으로 귀환시키고 일본이 세운 괴뢰국가 '만주국(滿州國)'을 승인하는 등 일본과의 제휴강화(提携强化)를 도모하였다. 그리고 '일본·독일·이탈리아 방공 협정(防共協定)'을 영국·프랑스 등을 대상으로 한 '군사동맹'으로 발전시키고자 일본에 손을 썼다. 독일은 또한 극동 지역(the Far East)에서 일본이 소련을 견제해 주기를 바라며 일본과 우호적인 합의를 성사시켰다. 그맘때 일중전쟁(日中戰爭)의 마무리에 고심하고 있던 일본은 1938년 장고봉(張鼓峰)과 1939년 노몬한(ノモンハン)에서 소련과 전투를 벌였다. 그중 노몬한 사건에서는 정예(精銳)로 알려진 일본의 관동군(關東軍)이 전차부대를 중심으로 해서 소련군과 전투를 했는데 큰 피해를 입었다. 이에 일본 육군 당국은 큰 충격을 받았다.[133]

　1941년 6월 독일이 1939년 8월에 체결한 독소불가침조약(獨蘇不可侵條約)을 파기하고 소련을 침공하는 독소전(獨蘇戰)을 개시(開始)하자 일본 정부는 혼란에 빠졌다. 일본 육군에서는 독소전쟁(獨

---

132) 津野田興一, 『「なぜ!?」からはじめる世界史』, 山川出版社, 2022年, 204-205面 및 佐藤信·五味文彦·高埜利彦·鳥海靖 編, 『詳說 日本史硏究』, 山川出版社, 2020年, 467-468面, 471面.

133) 佐藤信·五味文彦·高埜利彦·鳥海靖 編, 『詳說 日本史硏究』, 山川出版社, 2020年, 467面 및 Simon Jenkins, 『A Short History of Europe, From Pericles to Putin』, Penguin Random House UK, 2019, p. 256.

蘇戰爭)을 틈타서 극동 지역의 소련 영토를 점령하려고 1941년 여름 관동군특종연습(關東軍特種演習)이라고 하여 약 70만 명의 병력을 만주에 집결시켰지만 곧 계획을 중지했다. 한편 당시 동남아시아로 세력을 확장하려는 일본과 그것을 제지하려고 하는 미국의 갈등이 심해지고 있었다. 일본은 미국과의 전쟁을 피하기 위해 1941년 4월부터 미국과 교섭을 시작했다. 그러나 교섭은 실패했다. 1941년 8월 미국은 대일석유수출(對日石油輸出) 금지 조치를 내렸다. 석유(石油)의 대부분을 미국에서 수입하고 있던 일본은 큰 타격을 입게 되었다.[134] 결국 일본은 전쟁을 선택했다. 1941년 12월 7일 일본군은 영국령 말레이반도(Malay Peninsula)와 미국 해군기지 진주만(Pearl Harbor)을 공격했다. 이것이 태평양전쟁의 시작이다.[135]

(7) 독일·소련 불가침조약 및 소련·일본 중립조약과 소련의 스파이 리하르트 조르게(Richard Sorge)

독일·소련 불가침조약(獨逸·蘇聯 不可侵條約)은 1939년 8월 23일 독일과 소련이 상호 불가침을 목적으로 체결한 조약이다. 조약 체결국은 서로 상대방을 공격하지 않는다는 것이 주요 내용이다. 조약에 서명한 인물의 이름을 따서 몰로토프·리벤트로프 조약(Molo-

---

134) 佐藤信·五味文彦·高埜利彦·鳥海靖 編, 『詳說 日本史研究』, 山川出版社, 2020年, 471面 및 大津 透·久留島典子·藤田 覺·伊藤之雄, 『もういちど讀みとおす山川新日本史 下』, 山川出版社, 2022年, 142面.

135) 佐藤信·五味文彦·高埜利彦·鳥海靖 編, 『詳說 日本史研究』, 山川出版社, 2020年, 472面.

tov·Ribbentrop Pact)이라고도 부른다. 1941년 6월에 독일이 소련을 침공하여 이 조약은 파기되었다.

소련·일본 중립조약(蘇聯·日本 中立條約)은 1941년 4월 13일 모스크바에서 소련과 일본이 체결한 중립조약이다. 이 조약은 서로 상대국의 영토를 침해하지 않는다는 것과 각 체약국(締約國)이 제3국과 적대 관계에 돌입할 경우에 중립을 보장했다. 이 조약은 독일과 전쟁을 벌이고 있던 소련에게 큰 도움을 제공했다. 이 조약에 따라 1941년 6월에 독일이 소련을 침공했을 때 일본이 중립을 지켰던 것이다. 이 조약은 일본에게도 도움이 되었다. 일본의 동남아시아 진출과 미국에 대한 공격을 용이하게 했다. 이 조약에도 불구하고 일본은 소련이 독일에게 패배할 경우에 소련을 공격하기 위해 만주·소련 국경에 대군(大軍)을 집결시켰다. 그러나 결국 일본은 동남아시아로 진출하기로 결정했다. 이것이 북쪽은 지키고 남쪽으로 진출한다는 '북수남진(北守南進)'정책이다. 일본은 당시 유럽에서 독일과 힘겹게 싸우느라 동남아시아에는 신경 쓸 겨를이 없는 영국·프랑스·네덜란드의 열악한 상황을 포착하여 그 나라들의 식민지가 있는 동남아시아를 침공하기로 결정했다.

리하르트 조르게(Richard Sorge)는 일본에서 활동한 소련의 스파이였다.
1930년대 리하르트 조르게는 일본 및 독일의 대외 정책에 관한 정보를 수집하는 등 스파이 활동을 하였다. 조르게의 일본인 친구 오자키 호츠미(尾崎秀実)는 당시 일본 총리였던 고노에 후미마로의 정책보좌역이 되어 일본 정부의 기밀을 빼내 조르게에게 넘겼다. 오자키 호츠미는 『아사히 신문』에서 근무한 일본의 언론인이며 공산주의자였다. 또한 조르게는 독일 신문 『프랑크푸르터 차이퉁(Frankfurter Zeitung)』의 기자로 위장했기 때문에 일본 주재 독일 대사였던 오이겐 오토(Eugen Otto)와 친밀하게 지낼 수 있었고, 그로부터 독일 정부의 정보를 수집했다.

조르게는 오이겐 오토로부터 독일이 일본을 추축국 동맹 관계로 끌어당기려고 애쓰고 있다는 정보와 독일이 소련과 체결한 불가침조약(不可侵條約)을 파기하고 소련을 침공할 의도가 있다는 정보를 입수하여 모스크바(Moscow)에 암호로 보고했다. 소련은 서쪽 국경을 침공한 독일군에 발맞추어 독일의 동맹국 일본도 소련의 동쪽 국경을 침공할 것을 우려하였다. 조르게는 이와 관련한 일본군의 동향을 소련 정부에 전달하였다. 일본군이 소련을 공격하는 독일에 합류하기보다는 태평양전쟁을 벌이려고 한다는 일본의 계획을 오자키 호츠미로부터 입수하여 소련에 전달한 것이다. 이 첩보에 근거하여 소련군은 일본 관동군에 맞서 극동에 배치된 정예 병력을 빼내 서부로 돌렸다. 이 병력은 모스크바 공방전에 투입되어 동부전선에서 소련군이 독일군을 처음으로 패퇴시키는 데 공헌하였다. 소련의 스탈린은 조르게로부터 받은 정보의 도움으로 1941년 12월 모스크바(Moscow)를 점령하려고 한 독일군에 반격을 가하여 모스크바를 지켜 낸 것이다.

조르게의 일본인 친구 오자키 호츠미는 간첩 혐의로 1941년 10월에 일본 비밀경찰에 체포되었고 곧이어 조르게도 체포되었다. 일본은 조르게의 사형 집행을 연기하고 소련 정부에게 소련에서 붙잡힌 일본 간첩 중 한 명을 조르게와 교환하자고 제안하였다. 일본은 3번에 걸쳐서 교환 제안을 했지만, 소련 정부는 3번 모두 리하르트 조르게라는 인물은 전혀 모르는 사람이라고 회답했다. 결국 조르게는 1944년 11월에 처형되었고 오자키 호츠미도 같은 날에 처형되었다.[136]

(8) 태평양전쟁의 패배와 소련군의 대일(對日)전쟁 참전

일본은 태평양전쟁이 시작된 이후 6개월도 안 되어 동남아시아의 거의 전 지역을 제압(制壓)했다. 그러나 1942년 6월 일본 해군은 미

---

136) National Geographic Partners, LLC., 『WORLD WAR Ⅱ The spies and Secret Missions That Won the War』, Meredith Operations Corporation, 2024, pp. 8-9, pp. 23-25 및 H. Keith Melton, 『Ultimate Spy: Inside the Secret World of Espionage』, Dorling Kindersley(DK) Limited, 2009, p. 39, 그리고 津野田興一, 『「なぜ!?」からはじめる世界史』, 山川出版社, 2022年, 204-205面 및 佐藤信·五味文彦·高埜利彦·鳥海靖 編, 『詳說 日本史研究』, 山川出版社, 2020年, 471面, 그리고 Helmut Walser Smith, 『Germany: A Nation in Its Time』, Liveright Publishing Corporation, 2022, p. 366 및 Jeremy Black, 『A Brief History of Germany』, Robinson, 2022, pp. 197-198.

드웨이 해전(Battle of Midway)에서 미군에게 대패(大敗)했고 이후 일본군은 미군에게 밀리기 시작했다. 미군은 일본을 하루빨리 굴복시키기 위해서 1945년 8월 6일에 히로시마(廣島), 8월 9일에는 나가사키(長崎)에 원자폭탄을 투하했다. 두 도시에서 20만 명 이상의 시민이 사망했다. 8월 8일 소련은 일본에 선전포고를 함으로써 일소중립조약(日蘇中立條約)을 파기했다. 그리고 소련군은 만주(滿州), 사할린 남부, 치시마(千島)를 침공했다.[137]

소련의 대일(對日)전쟁 참여에 관한 문제는 1945년 2월 흑해의 북쪽 연안 크림반도(현재 우크라이나)에 있는 휴양도시 얄타에서 미국의 루스벨트, 영국의 처칠, 소련의 스탈린이 논의하였다. 당시 미국은 일본과 태평양전쟁 중이었는데 곳곳에서 일본군에 승리했음에도 불구하고 일본군의 완강한 저항에 미군이 점점 지쳐 가는 상황이라 소련군이 태평양전쟁에 참여하기를 희망하였다. 소련은 독일이 항복하면 그로부터 2, 3개월 후에 대일(對日)전쟁에 참여하기로 약속하였다. 한편 일본은 소련군의 대일(對日)전쟁 참여를 두려워하고 있었다. 얄타회담 당시 소련이 대일전쟁에 참여하는 대가에 대해서는 비밀로 하였다. 소련의 참전(參戰) 대가는 몽골인민공화국(외몽골)의 유지, 그리고 사할린 남부와 그 부속도서의 반환 및 쿠릴 열도

---

137) 佐藤信·五味文彦·高埜利彦·鳥海靖 編, 『詳說 日本史研究』, 山川出版社, 2020年, 473面, 475-476面, 478-479面 및 大津 透·久留島典子·藤田 覚·伊藤之雄, 『もういちど讀みとおす山川新日本史 下』, 山川出版社, 2022年, 145-148面과 J. M. Roberts and O. A. Westad, 『The Penguin History of the World』 Sixth edition, Penguin Books, 2014. pp. 960-962.

(Kuril Islands = 千島列島)의 반환 등 러일전쟁 패배 후 러시아가 일본에 양도한 권리의 복구 등이었다.[138]

한편, 제2차 세계대전 중인 1943년에는 미국·영국·중국 세 나라의 수뇌(首腦)가 이집트의 카이로에서 회담을 하여 일본이 점령하고 있는 만주(滿州)·대만(台湾)을 중국에 귀속시키고 조선(朝鮮)의 독립 등을 공표했다.[139]

(9) 쿠릴 열도 분쟁(The Kuril Islands dispute)

쿠릴 열도 분쟁은 '남쿠릴 열도 분쟁'이라고도 하며, 일본에서는 북방영토 문제(北方領土問題) 또는 북방 4도 문제(北方四島問題)라고 칭한다. 일본에서는 쿠릴 열도(Kuril Islands)를 '치시마(千島) 열도(列島)'라고 부른다. 북방 4도(北方四島)는 쿠릴 열도 남단, 홋카이도 북방의 쿠나시리(国後), 에토로후(択捉), 하보마이(歯舞), 시코탄(色丹) 4개 섬이다. 일본이 태평양전쟁에서 패전한 후 소련이 점령하여 현재 러시아가 지배하고 있는 쿠릴 열도 남단 4개 섬인 북방 4도에 대하여 일본이 영유권을 주장하면서 영토분쟁이 불거졌다.

---

138) 佐藤信·五味文彦·高埜利彦·鳥海靖 編, 『詳說 日本史研究』, 山川出版社, 2020年, 478面 및 大津 透·久留島典子·藤田 覚·伊藤之雄, 『もういちど讀みとおす山川新日本史 下』, 山川出版社, 2022年, 148面과 정인섭, 『신국제법 강의―이론과 사례』 6판, 박영사, 2016년, 570-571면.

139) 大津 透·久留島典子·藤田 覚·伊藤之雄, 『もういちど讀みとおす山川新日本史 下』, 山川出版社, 2022年, 148面.

쿠릴 열도(Kuril Islands)는 러시아의 동부 사할린 섬 동쪽 먼바다에 있는 화산섬의 무리이다. 남북(南北)으로는 일본 홋카이도(北海道)와 러시아 캄차카반도(Kamchatka Peninsula) 사이에, 동서(東西)로는 북태평양과 오호츠크해 사이를 대각선으로 가르는 활처럼 늘어서 있는 섬들이다. 일본이 영유권을 주장하고 있는 4개 섬은 쿠릴 열도(Kuril Islands)의 남부에 해당한다. 이 가운데 하보마이(歯舞)는 단일 섬이 아니라 여러 자잘한 섬들로 이루어져 있는 군도(群島)로 하보마이 군도(歯舞 群島)라고 한다. 현재 쿠나시리(国後)와 에토로후(択捉)의 경우 러시아가 일본에 반환할 가능성은 전혀 없으며, 그나마 협상의 여지가 있었던 시코탄(色丹)과 하보마이 군도 역시 반환 가능성이 매우 낮다.[140]

일본과 러시아 간 쿠릴 열도 분쟁(The Kuril Islands dispute)의 역사적 경과를 간략히 정리하면 다음과 같다.

일본과 러시아는 18세기경 사할린과 남부 쿠릴 열도 지역에 진출하였으나, 당시 명확한 국경을 성립시키지는 못하였다. 1875년 천도·화태(千島·樺太) 교환조약을 통하여 사할린(樺太(화태))은 러시아의 영유권으로 인정하되, 일본은 쿠릴 열도(Kuril Islands) 18개

---

140) 平凡社地図出版 編集·制作,『ASAHI ORIGINAL デュアル·アトラス 2019-2020 年版 日本·世界地図帳』, 朝日新聞出版, 2019年, 62面, 75面 및 「世界の歷史」編集委員會=編,『新 もういちど讀む山川世界史』, 山川出版社, 2017年, 266面과 田邉 裕,『もういちど讀む山川地理』[新版], 山川出版社, 2017年, 71面 및 內田忠賢 監修,『理解しやすい地理B』, 文英堂, 2013年, 392面, 그리고 정인섭,『신국제법 강의─이론과 사례』6판, 박영사, 2016년, 570-571면.

섬에 대한 영유권을 인정받았다. 1905년 러일전쟁 이후 일본은 포츠머스조약을 통하여 북위 50도 이남의 남사할린(南樺太(남화태))을 획득하였다. 태평양전쟁 종전 직전인 1945년 8월 8일 대일 선전포고를 한 소련은 남사할린과 북방 4개 도서를 포함한 전 쿠릴 열도를 점령하였다.

그 후 1952년에 발효한 '샌프란시스코 대일평화조약'은 일본이 쿠릴 열도와 남사할린 및 그 인접 도서에 대한 모든 권리, 권원 및 청구권을 포기한다고 규정하였다. 다만 북방 4도(北方四島)가 쿠릴 열도에 포함되는지 여부는 분명히 하지 않았다. 1956년 서명된 일본과 소련의 공동선언 제9항은 양국 간 평화조약이 체결되면, 일본이 홋카이도의 일부라고 주장하는 하보마이(歯舞)와 시코탄(色丹) 두 섬은 일본으로 인도하기로 규정하였다. 그러나 그 후 냉전(Cold war)이 지속되자 양국 간 협상은 진척을 보지 못하였다. 일본은 북방 4도(北方四島)가 쿠릴 열도의 일부가 아니므로 일본에 반환되어야 한다고 주장하였고, 소련은 당초 반환을 약속하였던 하보마이와 시코탄 2개 섬에 대하여도 반환을 거부하고 있다. 국제법적으로 분쟁의 핵심은 북방 4도가 과연 일본이 '샌프란시스코 대일평화조약'에서 포기하기로 한 쿠릴 열도의 일부인가 여부이다. '샌프란시스코 대일평화조약'의 준비 과정에서 일본 정부 역시 내부적으로는 북방 4도 중 하보마이와 시코탄 두 섬만이 홋카이도의 일부로 판단하고 있었다고 한다.[141]

---

141) 정인섭, 『신국제법 강의—이론과 사례』 6판, 박영사, 2016년, 570-571면.

3 일본과 미국

(1) 미국의 페리(Perry) 함대 내항(来航)과 일본의 개국(開国)

　동(東)아시아의 격동을 알리는 아편전쟁(1840~1842년)에 관한 정보는 네덜란드 선박과 중국 선박에 의해 신속하게 일본에 알려졌다. 아시아의 강국인 청나라가 영국에 크게 패했다는 소식은 에도막부(江戸幕府)에 강한 충격을 주었다.[142] 1842년 네덜란드 선박이 에도막부에 와서 아편전쟁 종결 후 영국이 통상을 요구하기 위해 일본에 군함을 파견하려는 계획이 있다는 정보를 알려 주었다. 서양 군사력의 위력을 인식한 막부(幕府)는 기존의 이국선타불령(異国船打払令)을 완화해서 신수급여령(薪水給与令)을 발령하여, 표착(漂着)한 외국선에 대하여는 신수(薪水)·음료를 공급하기로 했다. 이국선타불령(異国船打払令)은 1825년에 발령된 것으로 일본 연안에 접근하는 외국선을 포격하여 격퇴하는 것을 내용으로 하는 법령이다. 신수급여령(薪水給与令)에서 '신수(薪水)'란, 음식을 만드는 부엌일을 하기 위한 땔나무와 물 등 '취사(炊事)'를 의미한다. 이국선타불령(異国船打払令)을 고수하면 외국과 전쟁이 벌어질 위험이 있기 때문에 전쟁을 피하기 위해서 신수급여령(薪水給与令)을 발령한 것이었다.[143]

---

142) 佐藤信·五味文彦·高埜利彦·鳥海靖 編, 『詳說 日本史研究』, 山川出版社, 2020年, 318面 및 大津 透·久留島典子·藤田 覚·伊藤之雄, 『もういちど讀みとおす山川新日本史 下』, 山川出版社, 2022年, 19面.

143) 佐藤信·五味文彦·高埜利彦·鳥海靖 編, 『詳說 日本史研究』, 山川出版社, 2020年, 318面.

미국은 19세기에 들어와서 산업혁명을 추진하고 있었고 중국과 무역을 하기 위해 힘을 기울이고 있었으므로, 태평양을 항해하는 선박과 포경선의 기항지로서 일본이 필요하여 일본에 개국을 요구하였다. 1846년 미국 동(東)인도 함대 사령관(司令官) 비들(Biddle, 1783~1848년)이 일본 우라가(浦賀)에 내항(來航)해서 국교와 통상을 요구했는데 에도막부(江戸幕府)는 거절했다. 우라가(浦賀)는 일본 간토지방(関東地方)의 미우라반도(三浦半島) 남동부에 있는 해안 지역이다.

미국은 1848년 멕시코와의 전쟁(Mexican War)에서 승리한 후 캘리포니아를 획득했고 거기서 금광이 발견되어 미국 서부지방이 급속하게 개발된 것을 배경으로 태평양을 횡단하여 중국과의 무역을 꾀하였다.[144] 태평양에 면한 캘리포니아주를 획득한 미국은 환태평양(環太平洋, Pacific Rim) 국가가 되었다. 북아메리카(North America)의 서해안을 타고 북상하여 알류샨 열도(Aleutian Islands)에 닿고, 거기서 쿠릴 열도(Kuril Islands)를 따라서 남하(南下)하여 쿠릴해협(= 치시마해협(千島海峽))이나 쓰가루해협(津輕海峽)을 통과하면 아시아 지역으로 진출하는 것이 가능했다. 미국은 환태평양(環太平洋) 루트를 이용하여 청나라와의 무역을 개척하는 동시에 북태평양의 포경업(捕鯨業)도 활발하게 행하고 있었다. 이에 따라 미국은 상선(商船)과 포경선(捕鯨船)이 연료·식료의 보급을

---

144) 佐藤信·五味文彦·高埜利彦·鳥海靖 編, 『詳說 日本史研究』, 山川出版社, 2020年, 319面 및 平凡社地図出版 編集·制作, 『ASAHI ORIGINAL デュアル·アトラス 2019-2020年版 日本·世界地図帳』, 朝日新聞出版, 2019年, 21面.

받고 긴급 시에는 피난하기 위하여 에조(蝦夷) 지역 및 일본 열도(日本列島)에 기항지(寄港地)가 필요하게 되었다. 그래서 미국은 일본에 대하여 한층 더 강하게 개국(開国)을 요청하였다.[145]

1853년 미국의 동(東)인도 함대 사령관 페리(Perry)는 군함 4척을 이끌고 일본 에도(江戶)에서 멀지 않은 우라가(浦賀)에 내항하여 일본의 개국을 요구했다. 에도막부(江戶幕府)는 페리에게 다음 해인 1854년에 개국 여부에 대하여 회답하기로 했고 그에 따라 페리 함대는 돌아갔다. 1854년 1월 페리는 군함 7척을 이끌고 재차 일본 에도만(江戶湾(강호만))으로 와서 군사적 압력을 가하면서 일본에 조약의 체결을 강요했다. 동년 3월 에도막부는 페리 함대의 위력에 굴복하여 일미화친조약(日米和親條約)을 체결했다.[146]

(2) 의화단(義和團) 사건에서 연합군 관계

1898년 서양인 배척운동인 의화단(義和團)운동이 중국 산동(山東) 지방에서 발생하여 1900년 초에는 화북(華北) 지역으로 급속히 확산되었다. 중국 전역에서 약 200명의 외국인 선교사와 3만 명 이상의 중국인 기독교 신자가 살해되었다. 1900년 6월에는 북경(北京)의 공사관(legation) 지역에서 약 470명의 외국인들과 약 3,000명

---

145) 上野高一외 5인 執筆/髙橋典嗣외 3인 監修, 『沖縄のトリセツ』, 昭文社, 2021年, 70面 및 佐藤信·五味文彦·高埜利彦·鳥海靖 編, 『詳説 日本史研究』, 山川出版社, 2020年, 319面.

146) 佐藤信·五味文彦·高埜利彦·鳥海靖 編, 『詳説 日本史研究』, 山川出版社, 2020年, 319-320面.

의 중국인 기독교 신자들이 55일 동안 의화단과 그 추종 세력들에게 포위당하여 위협을 받고 있었다.

1900년 8월 열강(列强) 8개국 연합군은 북경을 함락하여 포위당한 외국인들을 구출하였다. 연합군에는 미군(American troops)도 참여하여 일본군과 함께 의화단(義和團)세력을 강경 진압 했다. 당시 미국은 유럽열강과 달리 중국 내에서 이권 획득을 위한 조차지(租借地)를 갖고 있지 못한 국가였다. 일부 추산(estimates)에 따르면, 연합군의 강경 진압으로 10만 명의 중국인이 학살되었다.[147]

(3) 일본과 미국의 가쓰라-태프트협정

1905년 7월 일본제국 내각총리대신 가쓰라 다로(桂 太郞)와 당시 미국 전쟁부(국방부)장관 윌리엄 하워드 태프트(William Howard Taft)는 회담을 하여 일본제국은 필리핀에 대한 미국의 식민지 통치를 인정하고 미국은 일본제국이 대한제국을 '보호령'으로 삼아 통치하는 것을 인정했다. 가쓰라-태프트협정(桂·タフト協定) 또는 태프트-가쓰라협정(Taft-Katsura agreement)이라고 한다. 이 협정은 일종의 신사협정(紳士協定)이었다.

가쓰라-태프트협정으로 대한제국에 대한 미국의 개입을 차단한

---

147) Clive Ponting, 『World History: A New Perspective』, Pimlico, 2001, pp. 731-732 및 Ian Kershaw, 『To Hell and Back Europe, 1914-1949』, Penguin Random House UK, 2016, p. 22.

일본제국은 같은 해 11월 대한제국에 을사보호조약(乙巳保護條約)을 강요했으며, 미국은 이를 사실상 묵인했다. 을사보호조약을 일본에서는 한국보호협약(韓国保護協約), 제2차 일한협약(第二次日韓協約)이라고 한다. 을사보호조약은 대한제국이 일본제국에게 외교권을 양도하는 것과 한성(漢城 = 서울)에 통감부(統監府)를 설치하는 것 등이 주요 내용이었다. 초대통감은 이토 히로부미(伊藤博文)였다.

참고로 제1차 한일협약(第一次韓日協約)은 러일전쟁 중인 1904년 8월에 체결된 것으로 재정에 관한 사항에 대해서 일본인 고문(顧問) 1명을 두고, 외교에 관련된 사항에 대해서 외국인 고문 1명을 둔다는 내용이었다. 이에 따라 재정고문(財政顧問)은 메가타 다네타로(目賀田種大郎), 외교고문(外交顧問)은 미국인 스티븐스(Durham White Stevens)가 용빙(傭聘)되었다.[148] 1908년 미국에서 스티븐스는 한국에 대한 일본의 통감통치를 찬성하는 발언을 하고 다니다가 재미 한국인 전명운(田明雲), 장인환(張仁煥)에게 사살당했다.[149]

신사협정(紳士協定 = gentleman's agreement)이란 무엇인가?
신사협정은 조약이 아니다. 조약이 아니지만 국제사회 현실에서

---

148) 佐藤信·五味文彦·高埜利彦·鳥海靖 編,『詳說 日本史研究』, 山川出版社, 2020年, 382-383面 및 木村靖二·岸本美緒·小松久男 編,『もういちど讀む山川世界史PLUS アジア編』, 山川出版社, 2022年, 257面과 邊太燮,『韓國史通論 四訂版』, 三英社, 2022년, 413면.

149) 한영우,『다시찾는 우리역사』제2전면개정판, 경세원, 2022년, 461면, 485면.

조약과 큰 차이는 없다고 볼 수 있다. 조약이란, 국가 등 국제법 주체들이 일정한 법률효과를 발생시키기 위하여 체결한 국제법의 규율을 받는 국제적 합의이다. 조약은 국제법의 지배를 받는다. 국제적 합의가 국제법의 지배를 받는지의 여부는 당사자의 의도에 따른다. 당사자가 국제법상의 권리·의무를 창설하기로 의도한 합의는 조약이 되며, 그러한 의도가 없는 합의는 조약이 아니다. 예를 들어 법적 구속력을 부여할 의도가 없는 공동성명, 신사협정, 정치적 선언 등은 조약이 아니다. 당사자의 의도는 합의의 형식, 사용된 문언, 체결 시의 상황 등을 종합적으로 고려하여 판단해야 한다. treaty, convention, agreement, covenant, statute, charter 등 조약은 그 명칭이 무엇이든 상관없다. 사정에 따라서는 당사자의 의도가 불분명한 경우가 적지 않은데 이러한 경우에는 국제사회에서 특정한 합의가 조약을 체결할 의도에서 작성되었는지에 관해 다툼이 벌어지기도 한다.

구속력이 없는 국가 간의 합의는 대체로 일정한 공동 목표의 확인이나 원칙의 선언같이 구속력을 부여하기에는 너무 추상적이거나 구체성이 없는 내용을 담고 있는 경우가 많다. 그러나 국가 간의 구속력 없는 합의가 모두 구체성이 없고 일반적인 내용만을 담고 있지는 않다. 경우에 따라서는 조약과 같은 형태로 국가 간의 세세한 합의사항을 담고 있으며 당사자 양국은 그 합의를 준수할 의사를 명백히 갖고 있고 실제로 잘 이행되는 경우도 있는데 이런 합의를 통상 신사협정(紳士協定)이라고 한다. 신사협정은 법적 구속력은 없지만 합의 내용이 상호 준수되리라는 기대하에 체결된다. 1994년 북한에 경수로 공급을 약속하였던 미국과 북한 사이의 제네바합의도 신사협정의 일종이었다. 신사협정은 조약에 못지않게 잘 준수되고 상당 기간 존속하기도 하지만 위반을 하여도 법적 책임이 뒤따르지는 않는다. 단지 보복의 대상이 될 수 있을 뿐이다. 국제사회에서 법적 구속력이 없는 신사협정이 활용되는 이유는 일단 합의가 신속하고 간이하게 성립될 수 있다는 편의성을 지니기 때문이다. 신사협정은 국가 간의 합의에 대하여 의회의 통제를 피하고 싶은 경우나 합의 내용을 비밀에 부치고 싶은 경우에 활용되기도 한다.

신사협정은 국제법적 구속력은 없어도 국내적으로는 행정의 지침이 되거나 또는 국내법에 반영되어 이행될 수 있다. 합의를 이행하지 않는 국가에 대하여 항의를 할 수 있고 항의를 받은 국가는 합의가 신사협정이라는 이유만으로 항의를 일축하기가 곤란할 수 있다. 신사협정은 법적 구속력이 없기 때문에 합의가 위반되면 그로써 종료하는 경우가 대부분일 것이다. 그러나 법적 구속력이 있는 조약의 경우도 위반에 대하여 강제적 구제절차가 마련되어 있지 않은 경우가 많으므로, 현실적으로는 조약과 신사협정의 차이는 생각처럼 크지 않다고 볼 수도 있다.

참고로 우리나라 헌법재판소 판례(1997년 1월 16일 선고, 89헌마240 결정)에 의하면, 1991년에 서명되고 1992년에 발효된 이른바 '남북합의서(남북 사이의 화해와 불가침 및 교류·협력에 관한 합의서)'는 당국 간의 합의로서 남북 당국의 성의 있는 이행을 상호 약

속하는 일종의 공동성명 또는 신사협정에 준하는 성격을 가짐에 불과하다.[150]

(4) 포츠머스(Portsmouth)조약

1904년에 발발한 러일전쟁(Russo-Japanese War)에서 러시아는 연이은 패배에 더하여 내부적으로 '피의 일요일 사건'이 발생하여 제1차 러시아혁명으로 전개되는 등 더 이상 전쟁을 속행하는 것이 곤란하였다. 그리하여 러시아는 미국 대통령 시어도어 루스벨트의 중재로 1905년 9월에 미국 포츠머스(Portsmouth)에서 일본과 강화조약을 맺었다. 이 조약에 따라 일본은 북위(北緯) 50도선 이남의 사할린 남부의 영유권을 획득하고 한국에서 일본의 우월적 지위, 요동반도 남부 여순(旅順)·대련(大連)의 조차권(租借權), 동청철도지선 남부(東淸鐵道支線南部)의 이권을 획득했다.[151] 포츠머스(Portsmouth)조약을 중재했다는 이유로 미국 대통령 루스벨트는 노벨평화상을 수상했다.[152]

---

150) 정인섭, 『신국제법 강의―이론과 사례』 6판, 박영사, 2016년, 144면, 276-278면, 371-372면.

151) 木村靖二·岸本美緒·小松久男 編, 『詳說 世界史研究』, 山川出版社, 2020年, 418面 및 木村靖二·岸本美緒·小松久男 編, 『もういちど讀む山川世界史PLUS アジア編』, 山川出版社, 2022年, 255-256面과 佐藤信·五味文彦·高埜利彦·鳥海靖 編, 『詳說 日本史研究』, 山川出版社, 2020年, 381面.

152) Stephanie Muntone, 『U.S. History Demystified』, McGraw-Hill, 2012, p. 274.

일본은 남만주(南滿州)에서 러시아의 모든 권익을 이어받아 점차 만주(滿州)로 세력을 확장해 나갔다.[153] 이러한 중국 동북지방 남부에 대한 일본의 독점적 세력 확장은 문호개방(門戸開放)을 주장하며 그 지역으로 진출을 계획하고 있던 미국의 반발을 불러일으켰다.[154] 당시 미국에서는 러일전쟁에서 승리한 일본의 팽배(彭湃)에 대한 두려움과 1906년 이후 미국 서해안에 집중된 일본인 이민에 대한 편견이 커져서 일본인 이민배척운동이 일어났다. 일본과의 관계가 악화되고 있는 상태에서 미국은 만철(滿鐵)의 중립화(中立化)를 제안하기도 했다. 일본은 영국과 러시아의 협조를 얻어 남만주(南滿洲)에서의 권익을 유지했다. 1907년 일본은 러시아와 비밀협약을 체결하여 러시아는 북만주(北滿洲)에서 권익을 유지하고 일본은 남만주(南滿洲)에서 권익을 유지하기로 상호 승인(相互承認)했다.[155]

(5) 소련(蘇聯)에 대한 간섭전쟁(干涉戦争)인 시베리아 출병(出兵)

제1차 세계대전 중인 1917년, 연합국인 러시아에서 혁명이 일어나 사회주의 정권이 성립되었다. 사회주의 정권인 소비에트 정부는 연합국의 전쟁 상대국인 독일과 단독으로 강화를 맺고 연합국으로

---

153) 佐藤信·五味文彦·高埜利彦·鳥海靖 編, 『詳説 日本史研究』, 山川出版社, 2020年, 383面.
154) 木村靖二·岸本美緒·小松久男 編, 『もういちど讀む山川世界史PLUS アジア編』, 山川出版社, 2022年, 256面.
155) 大津 透·久留島典子·藤田 覚·伊藤之雄, 『もういちど讀みとおす山川新日本史 下』, 山川出版社, 2022年, 81-82面.

부터 탈퇴했다. 연합국 여러 나라는 러시아혁명의 영향이 널리 퍼지는 것을 우려했다. 1918년 영국·미국·프랑스 등은 러시아혁명군이 시베리아로 몰아붙인 연합국 측의 체코슬로바키아군(軍)을 구출한다는 이유로 시베리아에 군대를 파견하여 러시아혁명에 간섭했다. 일본도 대륙으로 세력을 팽창시킬 목적으로 연합국 측의 시베리아 출병에 협력하여 1918년 8월에 동(東)시베리아·북만주(北滿州)·연해주(沿海州) 등에 군대를 출동시켰다.[156] 일본은 미국 등과 공동으로 시베리아(Siberia)로 출병(出兵)하고 함께 싸웠다.[157]

그러나 소련(蘇聯)에 대한 간섭전쟁은 성과를 올리지 못했다. 미국은 미국·일본 두 나라 군대를 동시에 시베리아에서 철수시키자고 일본에 제안했지만 일본은 거절했다. 시베리아로 출병했던 여러 나라의 군대는 1920년에 소련에서 모두 철병(撤兵)했다. 하지만 일본은 여전히 병력을 시베리아와 연해주(沿海州)에 주둔시켰기 때문에 국내외적으로 비난을 받았다. 결국 일본군은 1922년에 철병했다.[158]

---

156) 佐藤信·五味文彦·高埜利彦·鳥海靖 編, 『詳說 日本史硏究』, 山川出版社, 2020年, 418面 및 木村靖二·岸本美緒·小松久男 編, 『詳說 世界史硏究』, 山川出版社, 2020年, 453面.

157) 木村靖二·岸本美緒·小松久男 編, 『もういちど讀む山川世界史PLUS ヨーロッパ·アメリカ編』, 山川出版社, 2022年, 235面 및 木村靖二·岸本美緒·小松久男 編, 『詳說 世界史硏究』, 山川出版社, 2020年, 453面과 Antony Beevor, 『RUSSIA Revolution and Civil War 1917-1921』, Weidenfeld & Nicolson, 2023, p. 325.

158) Antony Beevor, 『RUSSIA Revolution and Civil War 1917-1921』, Weidenfeld & Nicolson, 2023, pp. 369-370 및 佐藤信·五味文彦·高埜利彦·鳥海靖 編, 『詳說 日本史硏究』, 山川出版社, 2020年, 418面과 木村靖二·岸本美緒·小松久男 編, 『詳說 世界史硏究』, 山川出版社, 2020年, 453面.

(6) 일본과 미국의 관계 악화

1937년 중일전쟁(中日戰爭)이 발발(勃發)했다. 중국군은 일본군에게 밀렸고 중국 내 일본군의 점령지는 확산되어 나갔다. 미국은 중국을 지원하기 시작했다. 1939년 미국은 일본에 일미통상항해조약(日米通商航海条約)의 폐기를 통고하면서 중국 침략을 중단하라고 경고했다. 미국으로부터 물자 수입의 보장을 잃은 일본은 미국에게 대항하기 위하여 1940년에 일본·독일·이탈리아 3국 군사동맹을 맺었다. 일본은 1940년 6월에 독일군에게 점령당한 프랑스의 남부에 새로 성립한 비시 프랑스(Vichy France) 정부의 승낙을 받고 동년 9월에 프랑스령 북부 인도차이나에 군대를 진주(進駐)시키기 시작했다. 이로 인하여 일본과 미국의 관계는 점점 악화되었다.[159]

미국과의 악화된 관계를 타개하기 위하여 일본은 1941년 4월 이후, 주미대사 노무라 기치사부로(野村吉三郎)를 중심으로 본격적인 일미교섭(日米交渉)을 시작했다. 1941년 4월 13일 일본은 소련의 위협을 피하기 위하여 소련과 중립조약(中立条約)을 체결했다.[160]

1941년 10월 일본에서는 미국과의 교섭 중단을 주장하는 도조 히데키(東條英機) 내각(內閣)이 성립했다. 미국의 헐(Hull) 국무장관

---

159) 佐藤信·五味文彦·高埜利彦·鳥海靖 編, 『詳說 日本史研究』, 山川出版社, 2020年, 468面 및 大津 透·久留島典子·藤田 覚·伊藤之雄, 『もういちど讀みとおす山川新日本史 下』, 山川出版社, 2022年, 141面과 주섭일, 『프랑스의 나치협력자 청산』, 사회와 연대, 2017년, 20-21면.

160) 大津 透·久留島典子·藤田 覚·伊藤之雄, 『もういちど讀みとおす山川新日本史 下』, 山川出版社, 2022年, 141-142面.

은 일본 정부에 중국과 프랑스령 인도차이나에서 일본세력의 완전 철수를 요구했다. 일본 정부는 교섭에 의한 해결을 단념하고 미국·영국과의 전쟁을 결의했다.[161]

(7) 태평양전쟁(Pacific War)

1939년부터 1950년까지 아시아·태평양전쟁(Asia-Pacific War)과 관련하여 발생한 몇 가지 일련의 사건 순서(Chronology(연대순))를 표시하면 다음과 같다.[162]

① 1939년 8월: 독일의 히틀러와 소련의 스탈린은 서로 침략하지 않을 것을 약정한 불가침조약(nonaggression pact)을 체결했다. 조약의 비밀의정서(secret protocol)에는 독일과 소련이 동유럽과 폴란드를 분할하기로 하는 내용이 있었다.

② 1939년 9월: 9월 1일에 독일은 폴란드를 침공했다. 독일의 폴란드 침공으로 제2차 세계대전이 시작되었다.

---

161) 木村靖二·岸本美緒·小松久男 編, 『詳說 世界史硏究』, 山川出版社, 2020年, 485面.

162) National Geographic Partners, LLC., 『WORLD WAR Ⅱ The spies and Secret Missions That Won the War』, Meredith Operations Corporation, 2024, p. 11, p. 33, p. 101, p. 109 및 Helmut Walser Smith, 『Germany: A Nation in Its Time』, Liveright Publishing Corporation, 2022, p. 366.

③ 1940년 9월: 9월 27일에 일본은 독일·이탈리아와 함께 3국조약을 체결하여 추축국(Axis) 3국동맹을 확고히 했다.

④ 1941년 4월: 소련과 일본이 모스크바에서 소련-일본 중립조약(蘇聯-日本 中立條約)을 체결했다. 이 조약 때문에 1941년 6월에 독일이 소련을 침공했을 때 일본은 중립하여 독일과 싸우는 소련에게 큰 도움을 제공했다.

⑤ 1941년 5월: 소련의 스탈린은 도쿄에 있는 소련의 스파이 리하르트 조르게(Richard Sorge)가 소련으로 보내 준 "독일의 히틀러가 1941년 6월 하순에 소련을 공격할 것"이라는 정보를 무시했다.

⑥ 1941년 6월: 6월 22일에 독일군은 소련을 침공했다.

⑦ 1941년 11월: 미국의 관리들은 외교 메시지들(diplomatic messages)을 판독(判讀)하여 당시 진행되고 있던 일본과 미국 사이의 교섭(交涉)에서 11월 말까지 합의가 이루어지지 않을 경우에는 일본이 미국과의 전쟁 등 행동을 개시할 것이라는 사실을 알아냈다.

⑧ 1941년 12월: 일본이 태평양에 있는 미국 및 연합국의 기지(基地)를 공격할 준비를 하고 있던 12월 5일에 소련은 모스크바 근처에서 독일군에 반격(反擊)을 가했다.

⑨ 1941년 12월: 일본군은 미국의 진주만, 필리핀, 그 외 아시아 및 태평양에 있는 미국 및 연합국이 지배하고 있는 지역을 공격했다.

⑩ 1942년 1월: 미국 루스벨트 대통령은 원자폭탄을 만드는 계획인 일급비밀 맨해튼 프로젝트(Manhattan Project)를 허가했다.

⑪ 1942년 5월: 미국 해군 암호 해독가들은 일본군 제독 야마모토 이소로쿠(山本五十六)가 지휘하는 일본군이 곧 미드웨이 환초(Midway Atoll)로 공격해 올 것이라고 미군 제독 체스터 니미츠(Chester Nimitz)에게 강력히 조언했다.

⑫ 1942년 6월: 미국 해군은 미드웨이 해전(Battle of Midway)에서 일본 해군에 승리했다. 일본 해군은 항공모함 4척이 침몰하는 동안 미국 해군은 항공모함 1척이 침몰했을 뿐이다.

⑬ 1942년 6월: 솔로몬 제도의 과달카날(Guadalcanal)을 감시하고 있던 연합국 해안 감시 정보 요원들(Allied coastwatchers)은 일본군이 과달카날 섬에 상륙한 이후 일본 전투기들이 오스트레일리아(Australia)에 보급품을 공급하는 연합국 선박들을 공격할 수 있게끔 섬에 활주로(airstrip)를 건설하고 있다고 보고했다. 이에 대하여 미국은 가만히 있을 수가 없었다.

⑭ 1942년 8월: 미군은 과달카날 섬에 상륙해서 활주로(airstrip)를 점령했다.

⑮ 1943년 4월: 일본의 야마모토 이소로쿠(山本五十六)가 부건빌(Bougainville) 섬의 일본군을 시찰(視察)할 계획이라는 정보를 미국 해군 암호 해독가들로부터 보고받은 미군 제독 체스터 니미츠(Chester Nimitz)는 야마모토 이소로쿠가 타고 가는 비행기를 격추시키라고 명령했다.

⑯ 1944년 7월~8월: 미군은 서태평양(the western Pacific)에 위치한 사이판(Saipan) 섬과 티니안(Tinian) 섬을 함락시켰다. 그 섬들에 건설한 비행장을 기지(基地)로 삼아 일본 본토를 미군 전략적 폭격기의 사정거리 범위 내에 두었다.

⑰ 1945년 7월: 로스앨러모스(Los Alamos)에서 개발한 원자폭탄이 미국 뉴멕시코주에 위치한 트리니티 사이트(Trinity Site)에서 성공적으로 실험을 마쳤다. 당시 미국의 트루먼(Harry S. Truman) 대통령은 소련의 지도자 스탈린(Stalin)에게 미국은 '비정상적인 파괴력을 가진 새로운 무기'를 보유하게 되었다고 알렸다.

⑱ 1945년 8월: 핵무기가 일본의 히로시마(広島)와 나가사키(長崎)를 파괴시킨 후에 일본은 무조건 항복했다.

⑲ 1949년 8월: 소련이 원자폭탄 실험을 성공적으로 마쳤다. 냉전(Cold War)이 심해졌다.

⑳ 1950년 2월~6월: 영국인 간첩과 미국인 간첩들이 원자폭탄에 대한 기밀들(atomic secrets)을 소련에 제공한 혐의로 체포되었다.

㉑ 1950년 6월: 6월 25일에 조선민주주의인민공화국(朝鮮民主主義人民共和國)이 대한민국(大韓民國)을 기습 공격 하여 한국전쟁(조선 전쟁)이 발발(勃發)했다.

태평양전쟁 당시 일본 정부는 태평양전쟁(太平洋戰爭)을 대동아전쟁(大東亞戰爭)이라고 불렀다. 구미세력(欧米勢力)의 식민지 지배로부터 아시아의 여러 민족을 해방시켜서 아시아 사람에 의한 공존공영(共存共栄)의 대동아공영권(大東亞共栄圈)을 건설한다는 전쟁 목적을 내세웠기 때문이었다. 태평양전쟁에서 패배한 후에는 미국 측이 사용하는 태평양전쟁(太平洋戰爭)이라는 용어가 정착되었다. 그 후 아시아·태평양전쟁(アジア·太平洋戰争)이라는 용어가 나왔다.

대동아전쟁(大東亞戰爭), 태평양전쟁(太平洋戰爭), 아시아·태평양전쟁(アジア·太平洋戰争)은 모두 제2차 세계대전 중 아시아·태평양 지역에서 일본과 미국을 중심으로 한 연합국 사이에서 벌어진 전쟁

을 일컫는 용어들이다.[163]

    1941년 12월 사실상 일본과 미국의 싸움인 태평양전쟁이 발발(勃發)했다. 일본 시간으로 1941년 12월 8일 일본군은 말레이반도·필리핀에 군(軍)을 상륙시키는 한편, 미국 하와이의 진주만(眞珠湾)에 있는 미해군(美海軍)의 근거지를 기습했다. 일본은 미국에 대한 사실상의 개전통고(開戰通告)가 되는 일미교섭(日米交涉)을 중단한다는 통고(通告)를 진주만 기습(奇襲) 개시 후에 미국 측에 전(傳)함으로써 미국 측을 분개(憤慨)시켰다. 주미 일본대사관의 절차 지연으로 진주만 공습(空襲) 뒤에 미국 측에 일본의 선전포고문이 전달된 것이었다. 즉 진주만 공습으로 시작된 태평양전쟁은 선전포고 없이 시작된 것이었다.

    소련과의 전쟁(獨蘇戰爭(독소전쟁))으로 힘든 처지에 있던 독일도 미국에 대하여 전쟁을 시작한다는 의사를 표시했고, 이탈리아도 그 뒤를 따랐다. 이로 인하여 그때까지 별개로 진행되고 있던 유럽의 전쟁과 아시아의 전쟁이 연결되어 제2차 세계대전은 전 세계로 확대되었다.[164] 독일의 히틀러는 미국 대통령 루스벨트가 유태인들의

---

163) 佐藤信·五味文彦·高埜利彦·鳥海靖 編, 『詳說 日本史研究』, 山川出版社, 2020年, 473面 및 髙橋秀樹·三谷芳幸·村瀬信一, 『ここまで変わった日本史教科書』, 吉川弘文館, 2016年, 172-175面.

164) 木村靖二·岸本美緒·小松久男 編, 『詳說 世界史研究』, 山川出版社, 2020年, 485面 및 木村靖二·岸本美緒·小松久男 編, 『もういちど讀む山川世界史PLUS ヨ-ロッパ·アメリカ編』, 山川出版社, 2022年, 268面.

'완전 악마 같은 교활함'에 힘입고 있다고 비난했다. 유태인을 타도하기 위해 히틀러는 미국과 싸워야 했다.[165]

일본에서는 일반적으로 태평양전쟁의 개시는 하와이 진주만 기습으로 시작되었다고 생각하고 있다. 그러나 실제로는 일본군이 동남아시아 말레이반도에 상륙한 것이 일본 시간으로 1941년 12월 8일 오전 2시 15분이고, 진주만 공격은 일본 시간으로 1941년 12월 8일 오전 3시 19분이기 때문에 태평양전쟁의 개시는 일본군의 말레이반도 상륙으로 시작된 것이다. 당시 일본에게는 말레이의 석유(石油) 문제가 매우 급한 상황이었음을 짐작하게 해 준다.[166] 미국이 1941년 8월에 대일석유수출(對日石油輸出)의 전면적 금지 조치를 발동했기 때문이다. 당시 미국(America)이 중심이 되어 영국(Britain)·중국(China)·네덜란드(Dutchland)가 이른바 ABCD포위진(包圍陣)을 써서 대일경제봉쇄(對日經濟封鎖)를 강화했고, 그로 인하여 가장 중요한 군수물자(軍需物資)의 하나인 석유(石油)의 대부분을 미국에서 수입하고 있던 일본은 큰 타격을 입고 있었던 상태였다.[167]

---

165) John Hirst, 『The Shortest History of Europe』, Old Street Publishing, 2012, p. 190.

166) 每日新聞社編, 『日本の戰爭 2 太平洋戰爭』 新裝版, 每日新聞社, 2010年, 125面 및 大津 透·久留島典子·藤田 覚·伊藤之雄, 『もういちど讀みとおす山川新日本史 下』, 山川出版社, 2022年, 145面.

167) 佐藤信·五味文彦·高埜利彦·鳥海靖 編, 『詳說 日本史研究』, 山川出版社, 2020年, 471面 및 大津 透·久留島典子·藤田 覚·伊藤之雄, 『もういちど讀みとおす山川新日本史 下』, 山川出版社, 2022年, 142面.

1942년 초 일본군은 인도네시아에 속한 보르네오(Borneo) 섬의 남쪽 부분인 칼리만탄을 점령했지만 그때까지 유전(油田)을 확보하지 못한 상태였다. 석유(石油)의 확보는 남방작전(南方作戰)을 수행하는 일본군의 최대 과제였으므로, 일본군은 정유시설을 파괴하면 그 일대의 모든 유럽인을 참수하겠다고 엄포를 놓았다. 하지만 네덜란드와 영국의 합작 정유회사인 로열더치셸그룹의 정유시설 기술자들은 일본군이 도착하기 전에 일부 지역의 정유시설을 모조리 파괴했다. 이에 일본군은 인도네시아 최대 유전이 있는 수마트라의 팔렘방으로 진격했고, 1942년 2월에 다행히 정유시설과 주변 지역을 완전히 점령했다. 네덜란드군을 격파하면서 파죽지세로 진격한 일본군은 1942년 3월 8일 네덜란드령 동인도 전 지역을 점령했다. 이로써 일본은 1940년 기준 세계 제4위의 석유 생산 지역을 확보하게 되었다.[168]

일본군은 1942년 1월에 필리핀의 마닐라를, 2월에는 영국의 동남아시아 지배의 토대(土臺)였던 싱가포르를 점령하고, '네덜란드령 동인도'도 지배하에 두었다. 네덜란드령 동인도는 인도네시아 제도(諸島)를 말한다. 일본군은 대략 반년(半年) 동안 북으로는 알류샨 열도(Aleutian Islands), 남으로는 버마(미얀마)와 솔로몬 제도(Solomon Islands) 및 길버트 제도(Gilbert Islands)에 이르는 광대한 영역을 점령했다. 미국·영국·네덜란드 등은 유럽·지중해 방면에서

---

168) 배동선, 『수카르노와 인도네시아 현대사』, 아모르문디, 2018년, 44-45면, 48-49면.

독일과의 전쟁에 총력을 기울였기 때문에 동남아시아 방면에서는 최신 장비를 갖춘 주력부대를 배치할 수 없었는데 그것이 일본이 태평양 방면에서 빠른 진격(進擊)을 할 수 있었던 이유 중 하나였다.[169]

알류샨 열도(Aleutian Islands)는 러시아 캄차카반도와 미국 알래스카 사이에 있는 섬들이다. 해구(海溝 = trench)에서 대륙 쪽으로 약 100~400㎞ 떨어진 곳에 화산활동으로 만들어진 섬들이 호(弧)를 이룬 것을 호상 열도(弧狀列島 = island arc)라고 하는데, 알류샨 열도가 호상 열도이다. 알류샨 열도의 서쪽 끄트머리의 코만도르스키예 제도(諸島)는 러시아령이지만 대부분은 미국령이다. 알류샨 열도는 미국의 서쪽 끝이자 러시아의 동쪽 끝이다. 미국령 알류샨 열도의 서쪽 끝 애투 섬(Attu Island)으로부터 일본 홋카이도까지는 2,200㎞ 정도의 거리이다. 1942년 6월 일본군은 미드웨이 해전과 병행(並行)하여 알류샨 열도의 미국령 애투 섬(Attu Island), 키스카 섬(Kiska Island)을 점령했다. 이에 대한 미군의 반격은 먼저 애투 섬만 공략(攻略)하고 키스카 섬을 고립시키는 작전이었다.

1943년 5월 11일(일본 시간 12일) 미군은 애투 섬에 상륙을 개시하여 야마자키 야스요 대좌(山崎保代大佐) 지휘하에 있는 2,600여 명의 일본군 수비대를 5월 28일(일본 시간 29일)에 전멸(全滅)시켰다. 이미 5월 20일에 일본 대본영(大本營)은 애투 섬, 키스카 섬

---

169) 木村靖二·岸本美緒·小松久男 編, 『もういちど讀む山川世界史PLUS ヨ-ロッパ·アメリカ編』, 山川出版社, 2022년, 268-269面 및 每日新聞社編, 『日本の戰爭 2 太平洋戰爭』新裝版, 每日新聞社, 2010년, 138-149面.

양 도(両島)에서 철수한다는 것이 결정되어 있었지만, 애투 섬의 일본군 전원이 죽게 된 처지를 구하지 않고 내버려두었다. 애투 섬보다 알래스카(Alaska)에 더 가까운 키스카 섬은 7월 28일(일본 시간 29일)에 안개가 걷힌 사이 미군 함정이 급유를 받으러 떠난 틈에 5,000명 이상의 일본군 장병(将兵)이 철수하는 데 성공했다. 8월 15일(일본 시간 16일)에 미군이 상륙했을 때에는 일본 병사는 1명도 없었다.[170]

일본은 서구제국(西欧諸国)의 식민지 지배로부터의 해방 및 대동아공영권(大東亜共栄圏) 건설을 내세워 중국·동남아시아 모든 지역에 친일 정권을 수립하여 그들의 지도자가 될 의도를 가지고 있었다. 1943년 11월 일본은 필리핀·타이·버마(미얀마)·만주국(満州国) 등 일본세력하에 있는 친일 정부 대표를 일본 도쿄(東京)에 초대하여 대동아회의(大東亜会議)를 개최하였다. 그러나 실태(実態)는 일본의 가치관 및 문화의 강요와 자원의 수탈이었으니, 구미제국주의(欧米諸国主義)의 아종(亜種)에 지나지 않았다. 얼마 안 있어 필리핀·베트남·말라야(현재 말레이시아)·버마(미얀마) 등에서 항일운동(抗日運動)이 일어나면서 항일 게릴라가 조직되고 중국의 항일전쟁과 같이 항일전(抗日戦)을 개시했다. 일본은 이 시점에서 연합국 측으로부터 화평(和平) 신청이 들어오는 것을 기대하는 것 외에는 전망(展望)이 없었다. 한편, 미국은 거대한 공업력(工業力)을 동원해서 본격적인

---

[170] 毎日新聞社編, 『日本の戦争 2 太平洋戦争』 新装版, 毎日新聞社, 2010年, 188面.

전시체제(戰時体制)를 갖추어 반격(反擊)에 나섰다.[171]

미드웨이 해전(Battle of Midway)과 과달카날 전투(Battle of Guadalcanal)는 태평양전쟁의 전세를 역전시킨 결정적인 전투였다. 1942년 4월 미국 해군의 항공모함에서 발진한 폭격기가 도쿄(東京)·나고야(名古屋) 등을 공습했다. 그래서 동년 6월 일본 해군은 일본 본토 방위의 일환으로 미드웨이 섬 공략작전을 실행했다. 하지만 일본 해군이 미드웨이 섬을 공격한다는 정보가 사전에 유출되어, 사전 정보에 따라 미리 기다리면서 준비하고 있던 미군의 공격을 받은 일본은 일거에 주력 항공모함들을 잃었다.[172] 일본은 미드웨이 해전에서 미군으로부터 괴멸(壞滅)적인 피해를 받았다.[173]

1942년 8월 일본군은 솔로몬 제도의 과달카날(Guadalcanal) 섬을 둘러싸고 미군을 주축으로 한 연합군과 공방전(攻防戰)을 전개했지만, 막대한 손해를 입고 1943년 2월 모든 일본군을 철수시켰다. 과달카날(Guadalcanal) 전투에서 연합군은 우세한 전력으로 일본군의 보급로를 차단시켰다. 이 때문에 수많은 일본군이 과달카날 섬에서 굶어 죽었다. 그래서 일본군은 과달카날 섬을 '餓島(아도

---

171) 木村靖二·岸本美緒·小松久男 編, 『もういちど讀む山川世界史PLUS ヨーロッパ·アメリカ編』, 山川出版社, 2022年, 269-270面 및 木村靖二·岸本美緒·小松久男 編, 『詳說 世界史研究』, 山川出版社, 2020年, 486面.

172) 木村靖二·岸本美緒·小松久男 編, 『もういちど讀む山川世界史PLUS ヨーロッパ·アメリカ編』, 山川出版社, 2022年, 270面 및 木村靖二·岸本美緒·小松久男 編, 『詳說 世界史研究』, 山川出版社, 2020年, 486面.

173) 每日新聞社編, 『日本の戰爭 2 太平洋戰爭』 新裝版, 每日新聞社, 2010年, 137面.

= 飢餓の島(기아의 섬))'라고 부른다. 과달카날 전투에서 일본군 전사자는 2만 800명이었다. 전사자의 3분의 2 이상인 1만 5,000명이 말라리아(malaria) 등 병으로 죽거나 굶어 죽었다(病餓死).

미드웨이 해전과 과달카날 전투에서 패배한 일본은 전쟁 개시 후 1년 만에 태평양전쟁의 주도권(主導權)을 잃었다. 기초적 공업 기반(工業基盤)이 부족한 일본은 장기전(長期戰)을 유지할 수 있는 국력이 없었고, 이후 미군의 반격 앞에 방어 일변도의 전쟁을 수행해 나갔다.[174]

일본은 1943년부터 미군을 중심으로 한 연합군의 공세(攻勢)에 시달려서 서남(西南) 및 중부(中部) 태평양 지역에 있는 모든 섬의 기지(基地)를 잃었고, 5월에는 북태평양 알류샨 열도의 애투 섬을 미군에게 점령당했다. 모든 섬의 각각의 기지에서 벌어지는 전투는 겨우 연합군의 전진(前進)을 다소 지연시키는 정도의 의의(意義)밖에 없었다. 일본군 수비대(守備隊)에 대한 지원(支援)은 거의 없었고, 철수(撤收)할 수도 없는 상황이라서 일본군 수비대의 대다수가 전멸했다. 일본군은 수비대 전멸(全滅)을 옥쇄(玉碎)라고 미화(美化)하고 정당화했다. 미군 중심의 연합군은 전략상 필요한 도서(島嶼)만 공략하고 그 밖의 섬들은 무시하고 지나치는 징검다리 작전(作戰)을 채택했기 때문에 수송이 끊어지고 고립된 섬들에서는 일본군 수비대

---

[174] 木村靖二·岸本美緒·小松久男 編, 『詳說 世界史硏究』, 山川出版社, 2020年, 486面 및 每日新聞社編, 『日本の戰爭 2 太平洋戰爭』 新裝版, 每日新聞社, 2010年, 156-157면 및 182-183面.

가 기아(飢餓)에 시달렸다. 1944년 6월 이후 일본은 마리아나 제도(諸島)에 속하는 사이판 그리고 필리핀을 잇따라 잃었다. 또 중국에 있는 미군 기지에서 일본 규슈(九州)로 폭격기가 출격하게 되었다. 더욱이 10월에는 필리핀의 레이테만 해전(The Battle of Leyte Gulf)에서 일본 해군의 주력 함대가 괴멸되어, 일본은 태평양에서 제해권(制海權)과 제공권(制空權)을 잃었다. 일련의 패배로 인하여 도조 내각(東條內閣)은 사임했고, 후계 내각(後継內閣)은 전쟁 종결책(戰爭終結策)을 모색하게 되었다.[175]

1944년 7월 사이판 섬이 미군에게 함락되자 도조(東条) 내각(內閣)은 무너지고, 고이소 구니아키(小磯国昭) 내각(內閣)이 성립했다. 하지만, 전국(戰局)은 호전되지 않았다. 사이판 섬 점령 이후 미군은 섬에 건설한 활주로를 이용하여 B-29 폭격기를 출격시켜서 일본 본토를 폭격하기 시작했다. 1945년 3월에는 이오지마(硫黄島(유황도))가 함락되었고 일본 본토에 대한 공습(空襲)은 강화되었다. 이오지마는 태평양전쟁 당시 일본의 수도 도쿄와 미군 기지가 있던 사이판의 중간에 위치한 전략적 요충지였다. 1944년 가을 이후 일본은 신풍특별공격대(神風特別攻擊隊 = kamikaze(카미카제))와 같이 폭탄을 실은 항공기를 조종하여 적 군함으로 돌진·충돌하여 적에게 피해를 줌과 동시에 조종사가 목숨을 버리는 자살 공격을 감행하여,

---

[175] 木村靖二·岸本美緒·小松久男 編, 『もういちど讀む山川世界史PLUS アジア編』, 山川出版社, 2022年, 297-298面 및 木村靖二·岸本美緒·小松久男 編, 『もういちど讀む山川世界史PLUS ヨーロッパ·アメリカ編』, 山川出版社, 2022年, 272面.

미군에게 공포(恐怖)를 주었다. 하지만 일본의 패배는 시간문제였다. 그리하여 1945년 4월 고이소 구니아키(小磯国昭)가 물러나고 해군 온건파(海軍穩健派) 스즈키 간타로(鈴木貫太郎) 내각(內閣)이 성립해서 전쟁 종결(戰爭終結) 방법을 찾게 되었다.[176]

1945년 초부터 미군 폭격기가 사이판 기지에서 출격하여 일본 본토 공습을 강화했다. 일본의 도시에 무차별 융단폭격(絨緞爆擊)을 가해서 도쿄(東京)를 위시하여 주요 도시를 초토화시켰다. 1945년 4월에는 미군이 오키나와(沖縄) 본도(本島)에 상륙하였다. 도민(島民) 다수(多數)의 희생이 따른 2개월여의 격전 끝에 오키나와는 미군에 점령당했다.[177]

태평양전쟁 후반기에 최초로 일본 영토 내에서 벌어진 미군과 일본군의 전투인 오키나와 전투(沖縄戦(충승전))는 대규모 전투이며, 태평양전쟁에서 미군이 치른 마지막 상륙전이기도 했다.

1945년 3월 이오지마(Iwo Jima = 硫黄島(유황도))가 미군의 수중에 떨어졌다. 미군은 바다에서 맹포격(猛砲擊)을 한 후, 2월 19일에 이오지마(硫黄島)에 상륙했고, 3월 26일에는 이오지마를 수비하고 있던 일본군 약 2만 명을 전멸시켰다. 동년 4월 미군은 오키나와

---

176) 大津 透·久留島典子·藤田 覚·伊藤之雄,『もういちど讀みとおす山川新日本史 下』, 山川出版社, 2022年, 146-147面 및 平凡社地圖出版 編集·制作,『ASAHI ORIGINAL デュアル·アトラス 2019-2020年版 日本·世界地圖帳』, 朝日新聞出版, 2019年, 62-63面.

177) 木村靖二·岸本美緒·小松久男 編,『もういちど讀む山川世界史PLUS アジア編』, 山川出版社, 2022年, 298面.

본도(沖繩本島)에 상륙했다. 격심한 전투 끝에 6월 하순(下旬)에는 오키나와(沖繩)의 일본군이 거의 전멸했다.[178]

일본 측은 일본 본토 방위를 위한 시간을 끌기 위해 오키나와(沖繩) 섬에 상륙한 미군에 대하여 지구전(持久戰)으로 대응했다. 그 때문에 오키나와(沖繩) 섬 주민의 다수가 전쟁에 말려들게 되었고 일부 학동(學童)도 일본군을 지원(支援)하기 위해 동원되었다. 일본군은 바다와 공중에서 미군 함선에 대한 특공공격(特攻攻擊)을 많이 이용하여 저항하였으나 1945년 6월 말 조직적 저항이 괴멸되고, 사망자는 군인과 민간인 모두 합해 18만 명이 넘었다. 오키나와 전투(沖繩 戰鬪)는 규모(規模)·기간(期間)·손실(損失) 등에서 일본 국내에서 행하여진 최대의 전투가 되었다. 오키나와(沖繩)는 태평양전쟁이 끝난 후에도 일본 본토와 분리되어 미군의 군정(軍政) 아래 놓였고 그 후 1972년 오키나와(沖繩)가 일본에 반환될 때까지 미국의 통치를 받았다.[179]

약 3개월간의 오키나와 전투에서 사망한 사람의 수는 자료마다 다르긴 하지만 일본 측 사망자는 군인 10만 명이 좀 안 되고 민간인도 10만 명이 좀 안 되는 정도로 군민(軍民) 합계 약 19만 명 정도였다.

---

[178] 佐藤信·五味文彦·高埜利彦·鳥海靖 編, 『詳說 日本史研究』, 山川出版社, 2020年, 477面 및 每日新聞社編, 『日本の戰爭 2 太平洋戰爭』 新裝版, 每日新聞社, 2010年, 262面과 H.P. Willmott·Charles Messenger·Robin Cross, 『DK WORLD WAR Ⅱ』, Dorling Kindersley, 2012, pp. 283-286.

[179] 木村靖二·岸本美緒·小松久男 編, 『詳說 世界史研究』, 山川出版社, 2020年, 488面.

미군 사망자는 약 1만 2,000명으로 추정되고 있다.[180] 오키나와 전투에서 가장 심했던 일은 일본군이 오키나와(沖縄) 섬 주민에게 집단 죽음(集団死(집단사))의 강요를 자행(恣行)했다는 사실이다.[181]

오키나와(沖縄)는 1879년 이전에는 유구국(琉球國)이었다. 1429년 유구(琉球) 최초의 통일왕조(統一王朝)가 이루어졌다. 통일왕조 유구왕국(琉球王国)은 1879년에 일본 영토로 편입될 때까지 약 450년간 지속됐다. 일본에서는 1867년에 에도막부(江戶幕府)가 천황에게 국가 통치권을 돌려준다. 이를 대정봉환(大政奉還)이라고 한다. 다음 해인 1868년(明治元年)에 명치 정부(明治政府)가 수립되었다. 중앙집권적인 근대국가를 목표로 하는 명치 정부는 유구왕국(琉球王国)을 일본에 편입시킨다. 일본은 1872년(明治 5년)에 류큐번(琉球藩)을 설치했고 1879년에는 오키나와현(沖縄県)을 설치했다. 이에 따라 류큐(琉球)와 청나라의 책봉(冊封) 관계는 폐지되고 450년간 지속되어 온 유구왕국(琉球王国)은 해체되었다. 이것을 '유구처분(琉球処分)'이라고 한다. 청나라는 유구처분(琉球処分)에 강하게 반발하였고, 오키나와(沖縄)의 귀속(帰属)을 둘러싼 일본과 청나라의 분쟁은 국제 문제로 발전했다. 약 15년 후인 1894년 일청전쟁(日淸戰爭)이 발발했다. 일본은 전쟁에서 청나라에 승리하여 대만

---

180) 佐藤信·五味文彦·高埜利彦·鳥海靖 編, 『詳說 日本史研究』, 山川出版社, 2020年, 477面 및 每日新聞社編, 『日本の戰爭 2 太平洋戰爭』 新裝版, 每日新聞社, 2010年, 263面.

181) 上野高一외 5인 執筆/高橋典嗣외 3인 監修, 『沖縄のトリセツ』, 昭文社, 2021年, 77面 및 每日新聞社編, 『日本の戰爭 2 太平洋戰爭』 新裝版, 每日新聞社, 2010年, 264面.

(台湾)을 식민지화했고 오키나와(沖縄)를 둘러싼 문제는 흐지부지되었다. 그 사이에 청나라는 오키나와에 대한 일본의 주권(主權)을 인정하게 되었다.[182]

참고로

영국의 해군 장교 바질 홀(Basil Hall)은 미국 함대 사령관 페리 제독보다 30여 년 더 빨리 유구(琉球)에 내항(來航)했던 서양인이다. 바질 홀은 1816년에 영국 선박 라이라(Lyra)호를 타고 유구(琉球)를 방문해서 유구(琉球)에 40일 정도 머물렀다. 바질 홀은 영국으로 귀국한 후 항해 기록 『朝鮮西海岸 및 大琉球島 探檢航海記(조선서해안 및 대유구도 탐험항해기)』를 간행했다. 바질 홀은 유구(琉球)를 '온화(穩和)한 비무장(非武裝)의 나라'라고 평가했고 당시 유형(流刑) 중에 있던 나폴레옹(1769~1821년)에게도 유구(琉球)를 소개했다. 바질 홀의 '탐험항해기'는 네덜란드어와 독일어로도 번역되어 유럽에 유구(琉球)의 존재를 널리 알렸다.[183]

1945년 7월 2일 오키나와(沖縄)를 점령한 미군은 오키나와 작전 종료(沖縄作戦終了) 선언을 했다. 1945년 8월 6일 미군은 히로시마(広島)에 원자폭탄을 투하했다. 피폭(被爆) 당일의 사망자는 2만 5,375명이었다. 1945년 8월 9일 나가사키(長崎)에 원자폭탄이

---

182) 上野高一외 5인 執筆/高橋典嗣외 3인 監修, 『沖縄のトリセツ』, 昭文社, 2021年, 62面, 72面, 74-75面.
183) 上野高一외 5인 執筆/高橋典嗣외 3인 監修, 『沖縄のトリセツ』, 昭文社, 2021年, 71面.

투하되었고 피폭(被爆) 당일의 사망자는 1만 3,298명이었다. 1945년 8월 8일 소련이 일본에 선전포고를 하고 그다음 날에 만주(滿洲), 조선, 사할린으로 진공(進攻)했다. 1945년 8월 14일 일본은 연합국에게 일본의 무조건 항복(無条件降伏)을 촉구하는 포츠담선언(Potsdam Declaration)을 수락(受諾)한다고 통고했다. 8월 15일 일본 천황이 라디오방송을 통하여 포츠담선언 수락(受諾) 사실을 일본 국민들에게 밝혔다. 1945년 9월 2일 일본은 도쿄만(東京湾)에 정박 중인 미국 전함 미주리(Missouri) 선상에서 항복문서에 조인(調印)했다.[184]

미국은 일본에 대하여 원자폭탄을 사용하면서 세 가지를 얻으려고 하였다. 세 가지는 ① 일본에 대한 보복(報復), ② 원자폭탄의 인명 살상(人命殺傷) 효과가 얼마나 되는지 확인하기, ③ 소련이 동아시아를 침공하지 못하게 경고하는 것이었다.[185]

---

184) 每日新聞社編, 『日本の戰爭 2 太平洋戰爭』 新装版, 每日新聞社, 2010年, 263面, 266-267面, 269-270面 및 五味文彦·鳥海靖 編, 『新 もういちど讀む山川日本史』, 山川出版社, 2017年, 336-337面과 木村靖二·岸本美緒·小松久男 編, 『もういちど讀む山川世界史PLUS アジア編』, 山川出版社, 2022年, 298面 및 佐々木潤之介·佐藤 信·中島三千男·藤田 覚·外園豊基·渡辺隆喜, 『概論 日本歷史』, 吉川弘文館, 2021年, 260面, 그리고 J. M. Roberts and O. A. Westad, 『The Penguin History of the World』 Sixth edition, Penguin Books, 2014. pp. 962.

185) R. H. P. Mason & J. G. Caiger, 『A History of Japan』 Revised Edition, Tuttle Publishing, 1997, p. 360.

참고로

포츠담협정(Potsdam Agreement)과 포츠담선언(Potsdam Declaration)에 대하여 살펴보자.

포츠담(Potsdam)은 독일의 수도 베를린 도심에서 남서쪽으로 약 25㎞ 떨어져 있는 브란덴부르크주(Land Brandenburg)의 도시이다.

포츠담회담은 제2차 세계대전 이후 유럽에 있어서 전후 질서의 구축 문제를 논의한 미국·영국·소련 사이의 회담이다. 이 회담의 결과는 1945년 8월 2일에 '포츠담협정(Potsdam Agreement)'으로 문서화되었다. 제2차 세계대전 후 유럽의 처리, 주로 독일의 전후(戰後) 처리에 관한 대책으로 구성된 이 협정으로 독일은 동서(東西)로 분단되었다.

포츠담선언(Potsdam Declaration)은 포츠담회담 중인 1945년 7월 26일 미국·영국·중화민국이 발표한 선언이다. 포츠담회담에 참석한 소련의 스탈린은 서명하지 않았고 중화민국의 장제스(蔣介石) 국민정부 총통은 회담에 참석하지 않았으나 전신을 통해 선언 참가를 밝혔다. 선언의 요지는 일본이 항복하지 않는다면 즉각적이고 완전한 파멸(prompt and utter destruction)에 직면하게 될 것을 경고한 것이다. 포츠담선언은 일종의 신사협정(紳士協定 = Gentleman's Agreement)이다. 신사협정은 법적 구속력을 갖지 않지만 합의 내용이 협정 당사국 사이에 상호 준수되리라는 기대하에 체결된다.[186]

---

186) 함규진, 『조약으로 보는 세계사 강의』, 미래의창, 2017년, 329-330면 및 정인섭, 『신국제법 강의―이론과 사례』, 6판, 박영사, 2016면, 371면, 그리고 佐藤信·五味文彦·高埜利彦·鳥海靖 編, 『詳說 日本史研究』, 山川出版社, 2020年, 478面.

(8) 전후(戰後) 미국의 대일점령정책(対日占領政策)과 일본의 경제불황(経済不況)

1945년 태평양전쟁의 패배로 인하여 일본은 연합국 군대의 점령 아래 놓였다. 북해도(北海道)를 점령하겠다는 소련의 요구는 미국에 의해 거부당했기 때문에 실질적으로는 미국의 단독 점령이 되었고 점령군의 대부분은 미군이었다. 미국 대통령에 의해 임명된 연합군 최고사령관은 맥아더(MacArthur)였다. 1945년 8월 30일 맥아더는 가나가와(神奈川)현 아쓰기(厚木)시에 있는 비행장에 내려 일본 땅에 첫발을 디뎠다. 맥아더는 도쿄(東京)에 총사령부(GHQ = General Headquarters)를 설치하고 절대적인 권력을 휘둘러 대일점령정책(対日占領政策)을 추진해 갔다. 점령정책의 정책결정기관(政策決定機関)으로 미국·영국·프랑스·중국·소련 등 11개국으로 구성된 극동위원회(極東委員会)가 워싱턴에 설치되었다. 최고사령관의 자문기관(諮問機関)으로 미국·영국·중국·소련 4개국으로 구성된 대일이사회(対日理事会)가 도쿄(東京)에 설치되었지만 별로 영향력을 발휘하지 못했다.

일본이 외국군에게 점령당한 것은 역사상(歴史上) 최초의 체험이었다. 그러나 같은 패전국(敗戦国)인 독일 및 이탈리아와 달리 일본 정부가 일본 내에서 통치 능력을 유지한 채로 패전(敗戦)을 맞이했기 때문에 연합국군(連合国軍)은 일본 정부를 통하여 일본을 간접통치(間接統治) 했다. 연합국군(連合国軍)이 일본 정부에 지령(指令)·권고(勧告)를 하는 식으로 통치한 것이다. 연합국군(連合国軍)의 일본 점령이 큰 혼란(混乱)도 없이 순조롭게 진행된 주요 요인은 사실상 미군의 단독 점령과 미군이 일본을 직접 통치하지 않고 일본 정부에 지령(指令)을 하는 간접통치(間接統治) 방식에 있었다고 할 수 있겠다.[187]

미국의 대일점령정책(対日占領政策)의 기본 방침은 일본의 비군사화(非軍事化)와 민주화(民主化)였다. 일본이 다시 세계에, 특히 미국에 위협이 되지 않도록 일본의 군사 능력을 철저히 파괴하는 것과 그것을 위하여 일본의 국내 체제(国内体制)를 민주화하는 것이었다.[188]

그러나 제2차 세계대전 중에 서로 협력하였던 미국과 소련은 전쟁이 끝난 후 각각 자유주의 진영과 사회주의 진영의 중심이 되어 대립하게 되었고, 양 진영(両陣営) 사이의 대립은 심화되어 갔다. 냉전(冷戦)이라고 불리는 자유주의 진영과 사회주의 진영의 심한 대립은 국제정세를 좌우하게 되었다. 예전부터 구미제국(欧米諸国)의 식민지였던 아시아 대부분의 지역에서 잇따라 독립국이 탄생했지만 냉전(冷戦)과 얽혀서 복잡한 대립이 생겼다. 조선반도(朝鮮半島)에서는 1948년 북위 38도선을 중심으로 남쪽에는 미국이 지지하는 대한민국(한국(韓國))이, 북쪽에서는 소련을 후원자로 하는 조선민주주의인민공화국(북조선(北朝鮮))이 각각 성립했다. 또 중국에서

---

187) 五味文彦·鳥海靖 編, 『新 もういちど讀む山川日本史』, 山川出版社, 2017年, 339-340面 및 每日新聞社編, 『日本の戰爭 2 太平洋戰爭』 新裝版, 每日新聞社, 2010年, 271面, 273面.

188) 五味文彦·鳥海靖 編, 『新 もういちど讀む山川日本史』, 山川出版社, 2017年, 340面.

는 1949년 공산당이 내전(内戰)에서 승리하여 북경(北京)에 모택동(毛沢東)을 주석(主席)으로 하는 중화인민공화국(中華人民共和國)이 성립하고 대만(台湾)으로 철수한 국민당의 중화민국(中華民國)과 대립했다. 동서냉전(東西冷戰)이 심화되어 가는 국제정세 속에서 미국은 자유주의 진영에 있어서 일본의 역할을 중시하고, 그때까지 일본의 경제력을 약하게 하는 정책을 전환(転換)하여 일본 경제의 재건과 자립을 구(求)하게 되었다.

1948년 12월 일본을 점령 중인 미군 총사령부(GHQ)는 인플레이션(inflation)을 억제하기 위하여 예산(予算)의 균형·징세(徴税)의 강화·물가(物価)의 통제 등 경제 안정 9원칙(原則)의 실행을 일본 정부에 지시했다(간접통치(間接統治) 방식). 그리고 나서 1949년 2월에 이른바 닷지플랜(= 닷지라인(Dodge Line))에 의거하여 긴축재정(緊縮財政)이 실시되었고 샤우프권고(シャウプ勧告)에 의거하여 세제개혁(税制改革)이 실시되었다.[189]

1949년 2월 미국 특별 공사(特別公使)로서 일본에 온 미국 디트로이트 은행장 조셉 닷지는 당시 일본 경제의 인플레이션을 억제하기 위해 인플레이션 수습정책을 추진했다. 이 정책을 닷지라인(Dodge Line)이라고 부른다. 균형재정(均衡財政)의 실현, 보조금(補助金) 중단(cut), 노사관계(労使関係)의 안정, 징세(徴税)의 강화, 1달러(dol-

---

189) 五味文彦·鳥海靖 編, 『新 もういちど讀む山川日本史』, 山川出版社, 2017年, 344-346面.

lar) = 360엔(円)의 단일환율(單一換率) 설정 등으로 구성된 닷지라인(Dodge Line) 경제정책의 실시로 인플레이션은 수습(收拾)되었고 경제재건(經濟再建)의 기초가 구축(構築)되었다. 그러나 곧 디플레이션을 초래했고, 전후 인플레이션하에서 회복된 일본의 경제 상황은 완전히 바뀌어 불황(不況)에 빠지게 되었다. 이를 '닷지(Dodge)불황(不況)'이라고 한다. 닷지불황하에서 중소기업의 도산(倒産)이 잇따르고, 실업자가 증대하고 노동운동이 격화되었다.

이러한 불황(不況)의 시기에 갑자기 조선전쟁(朝鮮戰爭)이 발발(勃發)했다. 조선전쟁특수(朝鮮戰爭特需)에 의해 일본 경제는 불황(不況)을 탈출하여 태평양전쟁 후 최초의 본격적인 호경기(好景気)를 맞이했다.[190]

(9) 조선전쟁(朝鮮戰爭)과 일본의 경제부흥(經濟復興) 및 고도경제성장(高度経済成長)

조선전쟁(朝鮮戰爭)은 1950년 6월 25일 조선민주주의인민공화국(朝鮮民主主義人民共和國)의 군대(軍隊)가 대한민국(大韓民國)을 무력으로 침공하면서 시작되었다. 냉전(冷戰)이 심각하게 진행되고 있는 국제정세 속에서 미국과 중국이 참전하게 되고, 소련이 조선민주

---

[190] 佐々木潤之介・佐藤 信・中島三千男・藤田 覚・外園豊基・渡辺隆喜, 『概論 日本歷史』, 吉川弘文館, 2021年, 279面 및 五味文彦・鳥海靖 編, 『新 もういちど讀む山川日本史』, 山川出版社, 2017年, 346面과 老川慶喜 著, 『もういちど讀む山川日本戰後史』, 山川出版社, 2016年, 57-58면.

주의인민공화국에 무기를 원조하는 등 조선전쟁(朝鮮戰爭)은 국제적 성격의 전쟁으로 발전했다. 냉전(cold war)은 2차 세계대전 이후 미국을 중심으로 한 자유민주주의 국가들과 소련을 중심으로 한 공산주의 국가들 간의 대결 양상을 말한다.

1951년 6월 이후로 조선전쟁은 북위 38도선(度線) 부근에서 교착상태(膠着狀態)가 되었다. 1951년 6월에 미국과 소련에 의해 휴전협정이 제안되어 장기간의 휴전회담을 거친 끝에 결국 1953년 7월 27일에 휴전협정이 체결되었다. 조선전쟁은 한국군(韓国軍)·미군(米軍)·북조선군(北朝鮮軍)·중국군(中国軍) 모두 합해서 약 200만 명이나 되는 병력이 투입된 대전쟁(大戰爭)이었다.

조선전쟁의 발발(勃發)과 동시에 일본은 미군의 군수물자(軍需物資)와 서비스(service)의 보급기지(補給基地)가 되었다. 이것을 조선특수(朝鮮特需)라고 부른다. 특수(特需)는 1953년 휴전협정 체결 후에도 계속되어 1950년부터 1956년까지 7년간 40억 달러($)에 달했다. 이 금액은 재일미군(在日米軍)이 일본 국내에서 소비한 것도 포함한 광의의 특수금액(特需金額)으로, 재일미군병참부조달액(在日米軍兵站部調達額)에 한정하면 같은 기간의 특수금액(特需金額)은 21억 달러($)가 된다.

군수물자(軍需物資)는 병기(兵器), 트럭(truck), 유자철선(有刺鉄線 = 가시철사), 드럼통, 모포(毛布), 토낭용 마대(土嚢用麻袋) 등이 주요한 것이었다. 토낭용 마대(土嚢用麻袋)에서 토낭(土嚢)은 흙을 넣은 자루를 말하며, 마대(麻袋)는 굵고 거친 삼실로 짠 커다란 자루를 말한다. 서비스는 트럭 및 무기 수리와 물자운반(物資運搬) 등이 주요한 것이었다.

조선특수(朝鮮特需)는 조달(調達)의 대상이 되는 산업 부문을 확대시켜 '카네헨경기(金ヘン景気)', '이토헨경기(糸ヘン景気)' 등 호경기(好景気)를 발생시켰다. 카네헨경기(金偏景気(금편경기))는 금속과 관계가 있는 산업을 의미한다. 이토헨경기(糸偏景気(사편경기))는 섬유 업종을 의미한다.

더 나아가 조선특수는 일본의 국내 산업 부문에도 파급되었다. 산업 부문의 확대 과정에서 일본의 광공업 생산액(鉱工業生産額), 실질 GNP, 1인당 국민소득, 민간소비 등의 주요경제지표는 태평양전쟁 전의 수준을 돌파했다.

조선특수는 그때까지 섬유산업(繊維産業)이 중심이었던 민간설비투자(民間設備投資)를 중화학공업 부문(重化学工業部門)으로 돌리는 역할을 하였다. 철강업(鉄鋼業)에서는 1951년에 제1차 합리화(合理化)계획이 시작되었고, 기술설비의 근대화 투자가 시작되었다. 자동차산업에서는 특수(特需)로 인하여 생산라인의 대확장(大拡張)이 실시되어 트랜스퍼 머신(transfer machine = 연결 자동 공작기)이 도입되었다. 중화학공업의 설비투자는 해외의 신예 기술(新鋭技術)을 도입하여 이식(移植)하는 형태로 재개(再開)되었다.

제2차 세계대전으로 인하여 피폐해진 서유럽 경제는 1950년대부터 1960년대에 걸쳐 크게 회복되기 시작했다. 이 무렵 서유럽 국가들의 생산고(生産高)와 실질소득은 눈에 띄게 상승했다. 일본만큼은 아니더라도 서유럽에서도 경제성장의 계기가 된 것은 조선전쟁(朝鮮戰爭)으로 인한 특수(特需)였다. 특수(特需) 기간은 1950년부터 1951년까지이다. 이때 공업제품의 수요가 증가하여 상품 가격이 대폭으로 상승함과 동시에 유럽의 공업제품이 잘 팔려 나갔다. 서유럽은 조선특수(朝鮮特需)로 인하여 막대한 이익을 얻었다. 그렇지만 서유럽의 이익에 비하여 일본이 조선전쟁으로 인하여 얻은 이익은 더욱더 큰 것이었다. 그것은 일본 경제의 질적(質的)인 전환이었고, 이익(利益)과 별개로 일본의 공업이 성장하는 계기가 된 것이었다.[191]

1950년대 후반에 들어가면, 일본 경제는 세계적인 호황(好況)의 영향을 받아 수출이 급증하여 호경기(好景氣)를 맞이한다.

1960년 기시 노부스케(岸信介) 내각(內閣)의 뒤를 이어 성립한 이케다 하야토(池田勇人) 내각은 '소득배증(所得倍增)'이라고 불리는 고도경제성장정책(高度経済成長政策)을 추진했다. 그리하여 이케다(池田) 내각과 그 뒤에 성립한 사토 에이사쿠(佐藤榮作) 내각 아래에서, 1960년대부터 1970년대가 시작되는 시기에 걸쳐 일본 경제는 공

---

191) 佐々木潤之介·佐藤 信·中島三千男·藤田 覚·外園豊基·渡辺隆喜, 『概論 日本歷史』, 吉川弘文館, 2021年, 279-280面 및 玉木俊明, 『世界史×日本史』エピソード100, 星海社, 2021年, 206-207面과 五味文彦·鳥海靖 編, 『新 もういちど讀む山川日本史』, 山川出版社, 2017年, 347面.

전(空前)의 번영(繁榮)을 이루었다. 석유화학(石油化学)·자동차(自動車) 등 중화학공업의 수많은 부문(部門)에서 기술혁신과 설비투자가 비약적으로 진행되었다. 1968년에는 일본의 국민총생산(GNP)이 서독(西獨)을 앞질러서 자본주의(資本主義) 국가들 중에서 미국의 뒤를 이어 제2위가 되었다.[192]

1965년 2월 남베트남을 지원하는 미국은 북베트남에 대한 폭격을 개시했다. 북폭(北爆)이라고 한다. 북폭(北爆)의 주력(主力)은 장거리전략폭격기(Bomber) B-52였다. B-52 폭격기의 발진기지(發進基地)는 태평양에 있는 괌(Guam) 섬이었는데, 오키나와 가데나(沖繩 嘉手納) 기지(基地)도 종종 사용되었다. 당시 일본의 사토 에이사쿠(佐藤榮作) 내각(內閣)은 군대만은 파견하지 않았지만 미국의 북베트남 침략전쟁을 적극적으로 지지했고, 일본의 모든 영토는 베트남 전쟁을 위한 보급(補給)·병참(兵站)기지가 되었다. 오키나와(沖繩)는 미군 폭격기의 발진기지(發進基地)가 되었을 뿐만 아니라 미군 부상병과 환자의 치료를 위한 병원을 제공했고 귀휴병(歸休兵)의 휴양지(休養地)가 되기도 했다. B-52 폭격기는 10톤(ton) 이상의 폭탄을 적재한 상태에서 1만 킬로미터(Kilometer) 이상의 항속거리(航續距離)를 가진 세계 최대의 장거리전략폭격기였다.[193]

---

[192] 五味文彦·鳥海靖 編, 『新 もういちど讀む山川日本史』, 山川出版社, 2017年, 350-351面 및 木村茂光·小山俊樹·戶部良一·探谷幸治 編, 『大学でまなぶ日本の歷史』, 吉川弘文館, 2024年(令和 6), 243面.

[193] 老川慶喜 著, 『もういちど讀む山川日本戰後史』, 山川出版社, 2016年, 124면.

저자가 지도책(地図帳(지도장))을 보고 B-52 폭격기가 괌에서 북베트남의 수도 하노이(Hanoi) 지역까지 날아가는 거리와 오키나와(沖縄)에서 하노이(Hanoi) 지역까지 날아가는 거리를 각 지도에 표시된 도법(図法)을 고려해서 측정해 보았다. B-52 폭격기가 태평양에 있는 괌(Guam) 섬에서 발진(發進)할 경우 북베트남의 수도 하노이(Hanoi) 지역까지의 직선거리는 약 4,200킬로미터이고 왕복으로는 약 8,400킬로미터이다. B-52 폭격기가 오키나와 가데나(沖縄嘉手納) 기지(基地)에서 발진(發進)할 경우 하노이(Hanoi) 지역까지의 직선거리는 약 2,300킬로미터이고 왕복으로는 약 4,600킬로미터이다.[194]

세계 제2위의 경제를 자랑하고 있었던 일본은 2010년에는 국내총생산(GDP)에서 중국(中国)에 밀려 제3위로 전락했다. 태평양전쟁 후 일본은 '요시다 노선(吉田路線)' 아래에서 경제대국(経済大国)이 되었지만, '동양의 기적(東洋の奇跡)', '재팬 애즈 넘버원(Japan as number one)'이라고 불렸던 시대는 과거의 영광이 되어 버렸다. 일본은 앞으로 더욱더 저출산·고령화(高齢化)가 진전되어 갈 것이고, 국력의 정체(停滞)가 확실시되고 있다.[195]

---

194) 平凡社地図出版 編集·制作, 『ASAHI ORIGINAL デュアル·アトラス 2019-2020年版 日本·世界地図帳』, 朝日新聞出版, 2019年, 58-69면.

195) 木村茂光·小山俊樹·戸部良一·探谷幸治 編, 『大学でまなぶ日本の歴史』, 吉川弘文館, 2024年(令和 6), 253面.

(10) 오키나와(沖縄)의 반환과 일중국교정상화(日中国交正常化)

1968년 미군의 시정권(施政權) 아래 있던 오가사와라 제도(小笠原諸島)가 일본에 반환되었다. 오가사와라 제도는 일본 도쿄(東京)에서 남쪽으로 약 1,000㎞ 정도 떨어져 있는 여러 섬이다.[196]

1969년 11월 일본의 사토 에이사쿠(佐藤栄作) 수상(首相)이 미국을 방문하여 미국의 닉슨(Nixon) 대통령과 수뇌회담(首脳会談)을 했다. 일본과 미국은 일미안보조약(日米安保条約)을 견지(堅持)하고 '한국의 안전은 일본의 안전을 위해서 긴요(緊要)하다'는 인식을 확인했다. 또 일본 정부가 선언한 핵 정책(核政策)인 '핵무기를 가지지도, 만들지도, 반입하지도 않는다'는 비핵 3원칙(非核3原則)의 존중 및 1972년에 미국이 오키나와(沖縄)를 일본에 반환한다는 내용 등을 담은 공동성명(共同声明)을 발표했다.[197]

1971년 사토 에이사쿠(佐藤栄作) 수상과 미국 닉슨(Nixon) 대통령이 오키나와 반환협정(沖縄返還協定)을 조인(調印)했다. 1972년 5월에는 미군의 시정권(施政權) 아래 있던 오키나와(沖縄)의 일본 복귀(日本復帰)가 실현되어 오키나와현(沖縄県)이 부활되었다.

1972년 9월 일본의 다나카 가쿠에이(田中角栄) 수상(首相)이 중국을 방문하여, 일중공동성명(日中共同声明)을 발표하여 일본과 중

---

196) 五味文彦·鳥海靖 編, 『新 もういちど讀む山川日本史』, 山川出版社, 2017年, 357面 및 平凡社地図出版 編集·制作, 『ASAHI ORIGINAL デュアル·アトラス 2019-2020年版 日本·世界地図帳』, 朝日新聞出版, 2019年, 4面, 61-63面.

197) 老川慶喜 著, 『もういちど讀む山川日本戰後史』, 山川出版社, 2016年, 125면.

국의 국교(国交)가 정상화되었다. 그 결과 일본과 중화민국(中華民國 = 대만(台湾))과의 외교 관계는 단절되었다.[198]

4 일본과 독일

일본과 독일은 우호·적대 관계가 뚜렷했다. 제1차 세계대전 당시에는 적대 관계였고 제2차 세계대전 당시에는 우호 관계였다.

(1) 독일의 태평양 지역 및 동아시아 진출

태평양의 모든 지역은 미크로네시아(Micronesia), 멜라네시아(Melanesia), 폴리네시아(Polynesia) 그리고 19세기 초 무렵부터 유럽인이 본격적으로 입식(入植)을 진행한 오스트레일리아(Australia), 뉴질랜드(New Zealand)로 구성되어 있다. 미크로네시아는 폴리네시아의 서쪽과 접경을 이루며 적도(赤道)의 북부에 위치한 지

---

198) 五味文彦·鳥海靖 編, 『新 もういちど讀む山川日本史』, 山川出版社, 2017年, 357面 및 上野高一외 5인 執筆/高橋典嗣외 3인 監修, 『沖縄のトリセツ』, 昭文社, 2021年, 78-79面과 木村靖二·岸本美緒·小松久男 編, 『もういちど讀む山川世界史PLUS アジア編』, 山川出版社, 2022年, 298面 및 木村靖二·岸本美緒·小松久男 編, 『もういちど讀む山川世界史PLUS ヨーロッパ·アメリカ編』, 山川出版社, 2022年, 272面과 佐藤信·五味文彦·高埜利彦·鳥海靖 編, 『詳說 日本史研究』, 山川出版社, 2020年, 517-518面, 524面, 그리고 平凡社地図出版 編集·制作, 『ASAHI ORIGINAL デュアル·アトラス 2019-2020年版 日本·世界地図帳』, 朝日新聞出版, 2019年, 4面, 61-63面.

역이다. 멜라네시아는 폴리네시아의 서쪽과 접경을 이루며 적도(赤道)에 걸려 있는 뉴기니(New Guinea) 등을 포함한 지역이다. 폴리네시아는 적도(赤道)의 남북을 아우르는 넓은 해역으로 적도(赤道)의 북부에는 하와이 제도(Hawaiian Islands)가 있고 적도(赤道)의 남부에는 타히티(Tahiti) 섬 및 통가 제도(Tonga Islands) 등이 있는 지역이다.

참고로 입식(入植)은 식민지를 개척하기 위하여 다른 나라나 지역에 들어가 사는 것 또는 들어가 살게 하는 것을 의미한다.

광대한 태평양 지역의 전모(全貌)는 17세기부터 18세기에 걸쳐 네덜란드·프랑스·영국 등의 해양 탐험에 의하여 처음으로 밝혀졌다.
1880년대까지 태평양의 온갖 섬은 영국과 프랑스가 각각 피지(Fiji) 제도(諸島)와 뉴칼레도니아(New Caledonia)를 식민지로 삼은 정도였다. 그 후 독일이 태평양 지역의 도서(島嶼) 분할에 참가했다. 1900년대에는 거의 모든 태평양의 섬들이 영국·프랑스·독일·미국·네덜란드의 식민지가 되었다.[199]

1897년 독일은 자국인 선교사 살해 사건을 계기로 중국 산동반도(山東半島)의 자오저우만(膠州湾(교주만))을 점령했다. 1898년 3월에는 자오저우만을 조차지(租借地)로 삼고, 자오저우만의 청도(青

---

[199] 木村靖二·岸本美緒·小松久男 編, 『もういちど讀む山川世界史PLUS ヨーロッパ·アメリカ編』, 山川出版社, 2022年, 221-222面.

島)에 근대도시를 건설했다. 독일은 조차지에서 행정권을 행사하고 군사·경제적인 거점으로 삼았다.[200]

조선에 대한 지배권을 둘러싸고 1894년부터 1895년까지 중국 청나라와 일본 간에 전쟁이 벌어졌는데 일본이 승리했다. 패배한 청나라는 일본에게 랴오둥반도(遼東半島(요동반도)), 타이완(臺灣(대만)), 펑후 섬(澎湖島(펭호도))을 할양하고 2억 냥(일본 돈으로 약 3억 1,000만 엔(円))의 배상금을 지불하게 되었다.

1895년 당시 청나라의 실권자 이홍장(李鴻章)의 요청도 있는 상태에서 러시아는 독일·프랑스와 함께 3국이 공동하여 일본에 대하여 랴오둥반도(遼東半島)를 청나라에 반환할 것을 요구하고 함대를 파견하여 무력으로 위협했다. 일본은 3국의 요구에 굴복하여 랴오둥반도를 청나라에 반환하고 그 대신에 청나라로부터 환부금 3,000만 냥(일본 돈으로 약 4,700만 엔(円))을 받았다.

그 후 일본은 삼국간섭(三國干涉)의 주체인 러시아·독일·프랑스에 대하여 각각 복수를 하게 된다.

1904년부터 1905년에 걸쳐 벌어진 러일전쟁에서 일본은 러시아 군대를 격파하여 전쟁에서 승리한 후 남만주(南滿洲)의 이권을 러시

---

200) 木村靖二·岸本美緒·小松久男 編, 『もういちど讀む山川世界史PLUS アジア編』, 山川出版社, 2022年, 251-252面 및 平凡社地圖出版 編集·制作, 『ASAHI ORIGINAL デュアル·アトラス 2019-2020年版 日本·世界地圖帳』, 朝日新聞出版, 2019年, 65面.

아로부터 빼앗는다. 1914년에 발발한 제1차 세계대전 때에는 영국 등 연합국에 참여하여 연합국의 전쟁 상대방인 독일을 공격하여 독일의 중국 내 산동반도(山東半島)의 이권 지역을 빼앗고 독일령 남양 제도(南洋諸島)를 점령해 버린다.[201] 남양 제도(南洋諸島)는 미크로네시아(Micronesia) 지역을 말한다.

1939년에 발발한 제2차 세계대전 당시 일본은 프랑스 비시(Vichy) 정부의 승인을 얻은 후 1940년 9월에 프랑스령 북부 인도차이나(Indochina)에 군대를 진주(進駐)시켰다.[202] 일본이 프랑스령 북부 인도차이나를 무력으로 점령하지 않고 프랑스 정부의 승인하에 군대를 파견한 이유는 1940년 6월에 독일에게 점령당한 프랑스에서 새로 성립한 비시(Vichy) 정부는 독일에 협력하는 정부였고, 일본과 독일은 동맹관계에 있었기 때문이다.[203]

(2) 의화단(義和團) 사건에서 연합군 관계

1898년 중국 산동성(山東省)에서 서양인들의 기독교(基督敎) 포교에 대항하여 중국인 단체 의화단(義和團)을 중심으로 서양인 배척운동이 발생했다. 의화단은 '청나라 조정(朝廷)을 도와, 서양인을 공격

---

201) 木村靖二·岸本美緒·小松久男 編, 『詳說 世界史研究』, 山川出版社, 2020年, 453面.

202) 佐藤信·五味文彦·高埜利彦·鳥海靖 編, 『詳說 日本史研究』, 山川出版社, 2020年, 468面 및 大津 透·久留島典子·藤田 覚·伊藤之雄, 『もういちど讀みとおす山川新日本史 下』, 山川出版社, 2022年, 141面.

203) 주섭일, 『프랑스의 나치협력자 청산』, 사회와 연대, 2017년, 16-18면, 20-21면.

하여 없애 버리자'고 외치며, 중국인 기독교 신자를 살해하고 서양인도 살해하였다. 산동순무(山東巡撫) 육현(毓賢) 등 중국의 일부 지방 관료는 의화단(義和團)의 서양인 공격을 묵인 내지 지지하고 있었다. 이에 서구열강은 청나라 조정(朝廷)에 육현(毓賢)의 파면을 요구했다. 1899년 육현(毓賢)은 다른 곳으로 전임(轉任)되고 청나라의 가장 강력한 군대를 거느리고 있던 위안스카이(袁世凱(원세개))가 산동순무(山東巡撫)가 되었다. 위안스카이에 의하여 산동성(山東省)에서 밀려난 의화단(義和團)은 북경(北京)·천진(天津) 방면으로 이동하여 북경으로 들어갔다. 청나라 조정(朝廷)의 보수배외파(保守排外派)는 의화단을 이용하여 열강(列強)에 대항하려는 계획(計劃)을 세웠다. 열강(列強)이 의화단에 대한 경계를 강화하고 있는 와중에 일본의 영사관원이 청나라 군사에게 살해당하는 사건이 발생했다. 열강(列強)의 군대가 천진(天津) 부근의 대고포대(大沽砲台)를 점령하자 청나라는 열강(列強)의 공사관가(公使館街)로 공격을 개시했고, 이 무렵 독일 공사(獨逸公使)가 살해당했다. 그리고 나서 1900년 6월 21일 청나라는 열강(列強)에 대하여 선전포고(宣戰布告)를 했다. 독일 공사가 살해되었다는 소식을 들은 독일제국 황제 빌헬름 2세(Wilhelm II)는 크게 분노하였다. 빌헬름 2세는 독일 군대에게 '아틸라(Attila)의 훈족(Huns)'과 같이 의화단의 난(亂)을 잔인하게 진압하라고 독려(督勵)했다.

"북경(北京)은 완전히 파괴되어야 한다. 자비(mercy)는 보이지 말라! 포로는 취하지 말라! 1000년 전 아틸라(Attila)의 훈족(the Huns)이 역사와 전설에서 지금까지도 무시무시하게 여겨지게 이름을 남긴 것처럼, 중국인들이 감히 독일인에게 눈을 흘기지 못하도록 독일의 명성을 중국에 1000년 동안 끼치도록 하라."

열강(列强)은 공사관원(公使館員)을 구출하기 위하여 8개국 연합군을 파견했다. 연합군의 주력은 일본군과 러시아군이었다. 2만 명이 넘는 일본군은 주력 중에 주력이었다. 연합군은 천진(天津)을 점령한 후 8월에는 북경(北京)을 공략하여 의화단에 의하여 포위되었던 공사관가(公使館街)를 해방시켰다. 청나라의 실권자 서태후(西太后) 등은 서안(西安)으로 도망갔다. 승리한 연합군은 화북(華北)에서 중국 의화단(義和団)을 탄압했고, 러시아는 중국의 동북지방을 점령해 버렸다.

한편, 의화단(義和団) 사건이 격화되고 있을 때 다수의 청나라 지방 총독(総督)·순무(巡撫)들은 청나라 조정(朝廷)의 열강에 대한 선전포고(宣戰布告)에 따르지 않고 외국인들의 재산을 보호했다. 그리고 장강(長江) 연안 및 연해(沿海)의 총독(總督)과 순무(巡撫)들은 다 같이 반란을 진압하여 치안을 유지하고 외국인 상인과 교회의 보호를 통해 열강의 개입을 막으려고 했다. 이것을 '동남호보(東南互保)'라고 한다. 8개국 연합군이 북경(北京)을 점령한 후에는 위안스카이(袁世凱)가 거느리는 청나라의 가장 강력한 군대가 의화단(義和団)을 철

저하게 탄압했다.[204]

(3) 제1차 세계대전(적대 관계)

　1914년 7월 제1차 세계대전이 발발했다. 영국은 동중국해(東中國海)에서 독일의 가장순양함(假裝巡洋艦)인 무장상선(武裝商船)의 격파를 위하여 일본에 참전을 요청했다. 1914년 8월 영국과 동맹 관계에 있는 일본은 독일에 선전포고를 하고 연합국 진영에 가담했다. 제1차 세계대전 당시에는 독일·오스트리아 측을 동맹국(同盟國)이라고 부르고, 영국·프랑스·러시아·일본 측을 연합국(聯合國)이라고 불렀다. 독일에 선전포고를 하고 3개월쯤 지나서 일본 육군은 독일의 중요한 동아시아 근거지인 중국 산동반도(山東半島)의 청도(靑島)를 점령하고 일본 해군은 독일령 적도 이북(赤道以北)의 남양 제도(南洋諸島)를 점령하여, 동아시아 및 태평양에서 독일세력을 남김없이 제거했다. 독일령 적도 이북의 남양 제도는 마셜 제도와 캐롤라인 제도 등 독일령 태평양의 섬들이다. 또한 연합국의 요청으로 일본의 함대가 지중해로 출동해서 경계의 임무를 맡고 독일 해군과 교전(交戰)했다. 일본으로서는 독일에 선전포고를 하고 제1차 세계대전에

---

204) 木村靖二·岸本美緒·小松久男 編, 『もういちど讀む山川世界史PLUS アジア編』, 山川出版社, 2022年, 253-254面 및 木村靖二·岸本美緒·小松久男 編, 『詳說 世界史研究』, 山川出版社, 2020年, 417面과 佐藤信·五味文彦·高埜利彦·鳥海靖 編, 『詳說 日本史研究』, 山川出版社, 2020年, 377面, 그리고 Clive Ponting, 『World History: A New Perspective』, Pimlico, 2001, pp. 731-732 및 Ian Kershaw, 『To Hell and Back Europe, 1914-1949』, Penguin Random House UK, 2016, p. 22.

참전하는 것이 영국을 위한 의무였다. 1902년에 체결된 영일동맹은 당시 여전히 유효했기 때문이다. 동시에 1895년에 있었던 '독일·프랑스·러시아 3국간섭으로 인한 요동환부(遼東還付)'에 대한 복수전이라고 단정하고 참전한 것이었다.[205]

1919년 6월 제1차 세계대전에서 패배한 독일제국과 연합국 사이에 맺은 평화협정인 베르사유조약에 따라 남양 제도(南洋諸島)는 일본의 위임통치령이 되었다. 1922년 일본은 남양 제도(南洋諸島)를 관할하는 행정청인 남양청(南洋庁)을 팔라우(Palau)의 코로르(Koror)에 설치했다. 남양청(南洋庁)의 설치에 따라 남양 제도(南洋諸島)로의 일본인 이민이 급증하게 되어 1935년까지 팔라우(Palau)에는 5만여 명의 일본인들이 살았으며 오키나와(沖縄)에서 온 사람들이 많았다고 한다. 1942년 팔라우(Palau)의 일본인 인구는 9만 6,000명으로 증가했다. 1944년 팔라우(Palau)는 미군에게 점령당한다.

팔라우(Palau)와 관련하여 일본의 작가 나카지마 아쓰시(中島敦, 1909~1942년)와 그의 소설이 유명하다. 1941년 나카지마 아쓰시는 팔라우(Palau)의 남양청(南洋庁) 국어교과서 편집서기로 부임했

---

[205] 佐藤信·五味文彦·高埜利彦·鳥海靖 編, 『詳說 日本史硏究』, 山川出版社, 2020年, 415-416面 및 木村靖二·岸本美緖·小松久男 編, 『詳說 世界史硏究』, 山川出版社, 2020年, 453面과 R. R. Palmer·Joel Colton, 『A History of the Modern World』, Eighth Edition, McGraw-Hill, Inc. 1995, P. 711 및 邊太燮, 『韓國史通論』 四訂版, 三英社, 2022년, 402-403면.

다. 나카지마 아쓰시는 남양(南洋)을 배경으로 소설을 썼는데 그중 하나가 1942년에 발표된 『빛과 바람과 꿈』이다. 나카지마 아쓰시는 십 대 시절에는 일본의 식민지인 조선(朝鮮)에서 생활했다. 조선에서의 체험을 바탕으로 해서 조선과 조선인을 그린 작품 「호랑이 사냥」과 「순사가 있는 풍경」을 남겼다.[206]

제1차 세계대전의 결과 일본은 아시아·태평양 지역에서의 존재감을 높였고, 비백인 세계(非白人世界)에서 유일한 강국의 지위를 얻게 되었다.[207] 일본은 1905년 러일전쟁에서 승리했고 1914년에 발발한 제1차 세계대전 때에는 독일세력을 동아시아 및 태평양에서 완전히 제거했다. 그럼으로써 백인(白人)에 대한 황인종(黃人種)의 승리감을 아시아 민중에게 전파했다.

참고로

일본에 소시지(sausage)가 전수(傳受)된 것은 제1차 세계대전 중이었다. 일본은 중국 산동반도(山東半島)에 출병해서 독일의 조차지(租借地) 청도(青島)를 점령했고 독일인 포로 4,715명 중 약 1,000명을 1915(大正 4년)년부터 1920년에 걸쳐 치바현(千葉県) 나라시노(習志野) 포로수용소에 수용했다. 당시 독일인 포로와 일본 지

---

206) 나카지마 아쓰시 저/엄인경 역, 『나카지마 아쓰시의 남양 소설집』, 보고사, 2021년, 277-282면 및 毎日新聞社編, 『日本の戰爭 2 太平洋戰爭』 新裝版, 毎日新聞社, 2010年, 177面, 234面.

207) 木村靖二·岸本美緒·小松久男 編, 『もういちど讀む山川世界史PLUS ヨーロッパ·アメリカ編』, 山川出版社, 2022年, 233面.

역 주민 사이에 요리 비법, 독일 음악 전수(傳授) 등 다양한 문화교류가 있었다. 무엇보다도 가장 유명한 것은 소시지(sausage)였다. 나라시노(習志野) 포로수용소에 수용되어 있는 독일인 중에 소시지(sausage) 제조업자 5명이 있었다. 그중 1명은 뛰어난 소시지 제조 기술자였다. 제1차 세계대전은 소시지(sausage) 문화가 일본에 수용되는 기회가 된 것이다. 치바현(千葉県) 나라시노(習志野)가 '일본의 소시지(sausage) 제조발상지(製造發祥地)'라고 불리게 된 이유이다. 소시지(sausage)는 전투 중에 있는 병사들의 귀중한 휴대식량이 되었다.[208]

(4) 제2차 세계대전(우호 관계)

1939년 9월 1일 독일은 갑자기 폴란드를 침공했다. 이틀 뒤인 9월 3일 폴란드와 상호원조조약을 맺고 있던 영국과 프랑스는 독일에 선전포고를 했다. 이것이 제2차 세계대전의 시작이다.

1940년 9월 일본·독일·이탈리아 3국동맹(三國同盟)이 체결되어 추축진영(樞軸陣營)의 강화(强化)가 도모되었다. 이 3국동맹은, 일본은 유럽에 있어서 독일과 이탈리아의 지도적 지위를 인정하고, 독일과 이탈리아는 대동아(大東亞 = 동아시아와 동남아시아)에 있어서 일본의 지도적 지위를 인정하며, 3국의 어느 하나가 현재 전쟁에 참가하고 있지 않은 국가로부터 공격받을 경우 동맹국은 서로 정치적·

---

[208] 宮崎正勝, 『知っておきたい「食」の日本史』, 角川ソフィア文庫, 2022(令和4年)年, 214-217面.

군사적으로 원조한다는 것을 결정한 것으로 미국에 대항하기 위한 군사동맹이었다. 특히 독일의 입장에서는 미국이 제2차 세계대전에 참전하는 것을 저지하는 것이 목적이었다. 3국동맹(三國同盟)이 성립하는 때를 전후하여 일본은 동아시아와 동남아시아를 세력권으로 하는 대동아공영권(大東亞共榮圈)의 확립을 목표로 적극적인 남방 진출을 계획하고 난인(蘭印 = 네덜란드령 동인도)과 물자 획득의 교섭을 진행했다. 네덜란드령 동인도는 인도네시아 지역이다.

당시 중일전쟁(中日戰爭)을 벌이고 있던 일본은 미국·영국 등의 중국 국민정부 원조 루트(中國國民政府援助 route)를 차단하고 남방(南方) 진출의 거점을 만들기 위해 프랑스 비시(Vichy) 정권과 교섭하였다. 교섭 결과, 프랑스령 북부 인도차이나에 있는 비행장의 사용과 그 지역으로 군대를 파견할 수 있다는 것을 승인받았다. 그에 따라 1940년 9월 일본군은 프랑스령 북부 인도차이나로 진군하여 주둔하기 시작했다. 일본이 독일·이탈리아와 동맹을 맺고 대동아공영권(大東亞共榮圈)의 확립을 위해 팔을 걷어붙이고 나선 이유는 미국과 영국을 위시한 연합국 측의 점진적 대일경제봉쇄(對日經濟封鎖)의 강화(強化) 때문이었다. 당시 미국과의 대립을 만든 결정적인 원인은 미국이 설철(屑鐵) 및 항공용 가솔린의 대일수출금지(對日輸出禁止)를 결정한 것 등이었다. 설철(屑鐵)은 철제품을 만들 때 나오는 '쇠 부스러기'이다.[209]

---

209) 佐藤信·五味文彦·高埜利彦·鳥海靖 編, 『詳說 日本史研究』, 山川出版社, 2020年, 467-469面.

1941년 12월 일본군은 미국의 해군기지 진주만을 공격하여 태평양전쟁을 일으켰다. 1942년 2월 일본군은 네덜란드령 동인도(인도네시아 지역)를 침공해 파죽지세로 네덜란드군을 격파하며 무서운 속도로 인도네시아의 전략적 요충지들을 점령했다. 당시 유럽에서는 네덜란드 본국이 독일 나치에게 점령당한 상황이었고 인도네시아의 네덜란드 식민지 총독부도 일본군에게 밀려 호주로 도망가게 되었다. 당시 네덜란드의 식민지 지배에 대항하여 인도네시아 민족해방운동을 힘겹게 해 오던 수카르노를 비롯한 대다수의 인도네시아 민족주의 지도자들에게 무적(無敵)으로 여겨지던 네덜란드군을 격파하며 인도네시아로 진공해 온 일본군은 인도네시아 민족의 구세주였다. 인도네시아 독립운동 지도자 수카르노는 당시의 심정을 다음과 같이 기록했다.[210]

"인도네시아 독립은 오직 대일본제국의 힘을 빌려 성취될 수 있을 것이다. 평생 처음 나는 스스로를 아시아의 거울에 비춰 볼 수 있었다."

---

210) 배동선, 『수카르노와 인도네시아 현대사』, 아모르문디, 2018년, 40-41면.

제3장
한국과 구미열강(欧美列強)의 우호·적대 관계

서양의 가톨릭이 천주교로 불리면서 처음 조선에 소개된 것은 16세기 말에서 17세기 초이다. 명(明)나라에 다녀온 사신이 서양의 자연과학서적과 더불어 천주교에 관한 한역서적(漢譯書籍)을 얻어 왔다. 천주교는 종교로서보다도 서양 학문의 하나로서 이해되어 서학(西學)이라 불렀다. 18세기 후반 불우한 처지의 양반이나 중인 그리고 일부 유식한 평민들 사이에 천주교가 퍼져 나갔다. 서양 선교사가 들어오기 전에 천주교가 퍼진 것은 유례가 없는 일인데, 우리나라 무교(巫敎)의 하나님 숭배가 천주교 전파를 쉽게 한 요인 중 하나였다.

그러나 천주교 신도가 늘어 갈수록 유교식 제사를 무시하는 신도의 행위가 불효와 패륜으로 비쳤다. 1785년에 천주교는 드디어 사교(邪敎)로 규정되었다. 북경으로부터 서적 수입이 금지됐다. 1791년에는 어머니 제사에 신주를 없앤 윤지충(尹持忠)이 사형당했다. 1801년에는 수많은 신도가 처형되고 서양 과학기술의 수입도 거부되는 대규모의 천주교 신도 탄압사건이 있었다. 신유사옥(辛酉邪獄)이라고 한다. 신유사옥 때 천주교 신도 황사영(黃嗣永)은 북경에 있는 프랑스인 주교에게 군대를 동원하여 조선에서의 신앙과 포교의 자유를 보장받게 해 달라는 서신을 보내려다 발각된 사건이 일어났다. 이른바 '황사영 백서(黃嗣永帛書) 사건'이다.

조선 정부의 금압에도 불구하고 천주교 교세는 번성하였다. 19세기 중반 철종 이후로 세도정치(勢道政治)가 극성하여 기강이 무너지고 법망이 허술해짐을 계기로 교세는 더욱 팽창하여 19세기 중엽에 1만 명이던 신도 수가 19세기 말에는 3만 명 가까이 늘었다. 신도 수가 늘어난 것은 중인과 평민의 입교가 급증했기 때문이었다. 특히 부녀자 신도가 많았다. 이들은 학자들(남인학자)과 달리 현실 개혁의 의지로 천주교를 믿기보다는 내세의 천국을 바라보고 현실의 불만을 달래 보려는 신앙 그 자체의 욕구가 컸다. 한편, 1860년(철종 11년)에 영국과 프랑스 연합군이 중국의 수도 북경을 점령했다는 소식이 조선에 전해지자 천주교가 서구세력의 동(東)아시아 침략을 선도하고 있다는 의심이 생기면서 조선 민중 사이에서 천주교에 대한 배척 기운이 일어나기 시작했다. 이로 인하여 1860년대 이후로 서양과 천주교에 대항한다는 것을 표방한 동학(東學)이 농민층의 광범위한 호응을 얻으면서 확산되었다. 동학(東學)은 경상북도 경주 출신의 가난한 몰락 양반 최제우(崔濟愚, 1824~1864년)가 천주교인 서학(西學)에 대항한다는 의미에서 창시한 것이었다.[211]

---

211) 한영우, 『다시찾는 우리역사』 제2전면개정판, 경세원, 2022년, 416-418면 및 邊太燮, 『韓國史通論』 四訂版, 三英社, 2022년, 353-355면.

1 한국과 프랑스

(1) 천주교에 대한 박해, 프랑스 신부들 처형

조선(한국)과 프랑스의 조불수호통상조약(朝佛修好通商條約)은 미국이나 러시아에 비해 늦게 이루어졌다. 1832년과 1845년에 영국 선박이 조선의 충청도 해안과 남해안에 나타난 이후, 1846년(헌종 12년)에 프랑스 군함이 충청도 해안에 잠시 출현하였다. 그 후 조선과 프랑스가 맞닥뜨리게 된 것은 조선이 천주교를 탄압하면서 조선(朝鮮) 국내에 잠입하였던 프랑스 신부들이 처형되면서였다.[212] 조선시대 후기에 천주교에 대한 박해는 꾸준히 있었는데, 그중 프랑스 신부들이 처형된 박해는 기해사옥(己亥邪獄)과 병인사옥(丙寅邪獄)이다.

1836년(헌종 2년) 파리외방전교회에 소속된 세 명의 프랑스 신부 모방, 샤스탕, 앵베르가 조선에 들어와 천주교를 포교하다가 1839년 조선 정부에 의해 처형되었다. 이 사건을 기해사옥(己亥邪獄)이라고 한다.[213]

1863년에는 고종의 생부 이하응(李昰應)이 대원군(大院君)으로 조선 정부의 실권을 잡게 되었다. 대원군은 처음에는 천주교에 관용적인 편이었다. 그러나 집권체제 강화를 위한 개혁 정치를 하기 위해서는 전통질서의 재정비가 필요했고, 전통질서를 수호하려는 유생과 양반들이 천주교를 금압해야 한다고 강력하게 주장함에 따라 결

---

212) 김만수 지음/구사회 외 4인 옮김,『대한제국기 프랑스 공사 김만수의 세계여행기』, 보고사, 2018년, 서문 및 邊太燮,『韓國史通論』四訂版, 三英社, 2022년, 373면.

213) 한영우,『다시찾는 우리역사』제2전면개정판, 경세원, 2022년, 417면.

국 천주교를 탄압하게 되었다. 더구나 제2차 아편전쟁 당시인 1860년 영국과 프랑스 연합군이 청나라의 베이징(北京)을 점령하였다는 소식이 전해져 조선의 조정은 한층 더 긴장하고 있었고 서양의 동아시아 침략을 천주교도가 앞장서고 있다고 믿었다. 이리하여 1866년 (고종 3년)에 9명의 프랑스 신부와 남종삼(南鍾三) 등 수천 명의 신자들을 처형하였다. 이 사건을 병인사옥(丙寅邪獄)이라고 한다.[214]

(2) 병인양요(丙寅洋擾)

1866년 병인박해 때 조선에서 프랑스 신부 12명 중 9명이 처형되었다. 이때 살아남은 3명의 신부 가운데 한 사람인 리델 신부가 중국으로 탈출하여 톈진(天津)에 있는 프랑스 극동 함대의 사령관 로즈(Rose)에게 이 사실을 알렸다. 이에 북경 주재 프랑스 공사와 로즈(Rose) 제독은 조선 침공을 감행하였다. 1866년 9월 로즈 제독은 프랑스 신부의 처형에 항의하기 위해 7척의 군함과 1천 명의 군사를 이끌고 강화도를 공격하여 점령하고 프랑스 신부 살해자에 대한 처벌과 통상조약 체결을 조선 정부에 요구했다. 이에 조선 정부는 한강 연안의 경비를 강화하여 서울로 향하던 프랑스군의 일대를 격퇴하는 데 성공했고, 결국 프랑스 함대는 퇴각하였다. 이 사건을 병인양요(丙寅洋擾)라고 한다.[215]

---

214) 邊太燮, 『韓國史通論』 四訂版, 三英社, 2022년, 371면, 373-374면 및 한영우, 『다시찾는 우리역사』 제2전면개정판, 경세원, 2022년, 427면.

215) 邊太燮, 『韓國史通論』 四訂版, 三英社, 2022년, 374면 및 한영우, 『다시찾는 우리역사』 제2전면개정판, 경세원, 2022년, 427-428면.

(3) 조불수호통상조약(朝佛修好通商條約)

조선과 프랑스는 병인양요(丙寅洋擾) 이후 조선에서 계속된 천주교의 박해 문제와 관련하여 쉽사리 조약이 체결되지 못하다가 문호개방의 추세에 따라 1886년에 조약을 체결하였다.[216] 당시 청나라로부터 조선의 독립을 주장하였던 조선의 외교고문 미국인 데니(Owen N. Denny)가 조선·프랑스 조약을 체결하는 데 고문 역할을 하였다.[217] 조선과 프랑스의 조약은 조선과 미국·영국·독일 사이의 수호통상조약(修好通商條約)이 체결된 1882년보다 4년이 늦다.[218]

(4) 한국전쟁과 국제연합군(国際連合軍)의 일원으로 프랑스군의 참전

1950년 6월, 북한군(北韓軍)은 남한으로 침공했다. 불의의 공격을 받은 한국군은 장비도 열등한 상태에서 금세 서울을 점령당했다. 남하(南下)를 계속하는 북한군(北韓軍)에 대하여 미국이 주도하는 국제연합(國際連合) 안전보장이사회는 북한(北韓)을 비난하고, 일본(日本)에 주둔하고 있는 미군(美軍)을 중심으로 국제연합군(國際連合軍)을 조직해서 한반도(韓半島)에 파견했다. 한국군(韓國軍)도 국제연합군(國際連合軍)에 편입되었고 최고사령관은 맥아더(MacArthur,

---

216) 邊太燮, 『韓國史通論』 四訂版, 三英社, 2022년, 381면.
217) 최종고, 『한국을 사랑한 세계작가들 1』, 와이겔리, 2019년, 26면.
218) 邊太燮, 『韓國史通論』 四訂版, 三英社, 2022년, 380면.

1880~1964년)였다.[219]

프랑스군도 3,760명이 국제연합군(国際連合軍)의 일원으로 참전했고 전사자는 270명이다.[220] 참전한 프랑스군의 규모와 전사자 수는 자료마다 약간의 차이가 있다.

계속되는 북한군(北韓軍)의 남하(南下)는 국제연합군을 부산(釜山) 부근까지 몰아붙였다. 그러나 1950년 9월에 국제연합군이 인천(仁川)상륙작전에 성공하여 서울을 탈환하고 북한군의 보급로를 끊어버렸다. 북한군은 패주하고 국제연합군은 38도선을 넘어 북한 영내(北韓領內)로 진공했다. 10월에 국제연합군이 중조국경(中朝國境)인 압록강에 육박하자, 중국은 자국 안전의 위기로 간주하고 인민의용군(人民義勇軍)을 북한(北韓)에 파견했다. 이로써 미중전쟁(米中戦争)으로 전환된 한국전쟁(韓國戦争)은 1953년 7월에 현재의 휴전선을 남긴 채 끝났고 남북분단은 고정화(固定化)되었다.[221]

---

219) 木村靖二·岸本美緒·小松久男 編, 『詳說 世界史研究』, 山川出版社, 2020年, 502面.
220) 歷史敎育硏究会 編著, 『日韓歷史共通敎材 調べ·考え·步く 日韓交流の歷史』, 株式会社 明石書店, 2020年, 174面.
221) 木村靖二·岸本美緒·小松久男 編, 『詳說 世界史研究』, 山川出版社, 2020年, 502-503面.

2 한국과 미국

(1) 제너럴셔먼(General Sherman)호 사건

중국과 유럽열강 사이에서 벌어진 아편전쟁에서 패배한 청나라는 쇠락해 가고, 1860년 영국과 프랑스 연합군이 베이징을 점령했다는 소식은 조선의 조정을 긴장시켰다. 19세기 중엽 이후 조선의 근해에는 이양선(異樣船)이라고 부르는 영국, 프랑스, 미국 등 서양 선박이 자주 출몰하여 조선은 18세기부터 추진해 오던 해양경비, 즉 해방정책(海防政策)을 한층 강화하였다. 1866년(고종 3년) 7월 무장한 미국 상선 제너럴셔먼(General Sherman)호가 대동강을 거슬러 올라와 교역을 요구하다가 평양 군민의 공격을 받아 불타 침몰한 사건이 발생했다. 조선의 역사상 서양과의 첫 무력충돌로 기록된 사건이다.[222]

(2) 신미양요(辛未洋擾)

1871년(고종 8년) 미국은 중국에 있는 미국의 아시아 함대 사령관 로저스(Rodgers)로 하여금 5척의 군함과 1,200여 명의 군대를 이끌고 조선을 침공케 하였다. 강화도로 공격해 온 미군은 초지진(草芝鎭)을 함락시키는 등 강화도의 조선군 수비대에 대승을 거두었다. 이 사건을 신미양요라고 한다. 그러나 한국의 저명한 국사 교과

---

222) 邊太燮,『韓國史通論』四訂版, 三英社, 2022년, 373면, 375면 및 한영우,『다시찾는 우리역사』제2전면개정판, 경세원, 2022년, 427-428면.

서에는 조선군이 미군을 격퇴시켰다고 기술되어 있다.[223] 이는 한국 역사학자들의 역사왜곡이다. 자료를 찾아본 결과 사실은 다음과 같기 때문이다.

신미양요에서 조선과 미국의 피해를 비교해 보면, 조선군은 다수가 전사했으나 미군은 3명만 전사했다. 미군 측 통계에 의하면 전투가 끝났을 때 광성보 일대에 널려 있는 조선군 시체 수는 243구, 바다에 뛰어내려 익사한 조선군 장병이 100여 명으로 총 350명가량의 조선군이 죽었다고 기록되어 있다. 미군이 1명 죽을 때 조선군은 100명 이상이 죽었다는 것이다. 일당백(一當百)이다. 『조선왕조실록』에는 미군 측 집계와는 달리 조선군 전사자는 53명, 부상자는 24명으로 기록되어 있다.

(3) 조미수호통상조약(朝美修好通商條約)

신미양요 때 강화도에서 퇴각(退却)한 미국은 조선에 대해 적극적인 관심을 갖지 않고 있었으나 조선이 일본과 강화도조약(江華島條約)을 체결하고 문호를 개방하자 조선에 대한 관심이 다시 일어나게 되었다. 1878년 미국 의회에서 조선과 평화적인 수단으로 교섭을 맺도록 하자는 논의가 제기되었고 미국 정부는 조선과의 수교 임무를 슈펠트(Shufeldt) 제독에게 부여하였다. 이미 조선과 수

---

223) 邊太燮, 『韓國史通論』 四訂版, 三英社, 2022년, 375면 및 한영우, 『다시찾는 우리역사』 제2전면개정판, 경세원, 2022년, 428면.

교 관계에 있는 일본의 협조를 얻을 수 있을 것으로 기대한 슈펠트(Shufeldt)는 1880년(고종 17년)에 부산항에 입항하여 그곳에 있는 일본인 관리를 통해 국서를 조선 정부에 전달하려 하였으나 조선의 지방관이 접수를 거부했다. 그래서 미국은 일본 정부로 하여금 국서 접수를 알선하도록 하였으나 이 역시 조선 정부가 거부했다. 이러한 때 청나라가 중재하여 결국 1882년에 인천 제물포에서 조선과 미국 사이에 수호통상조약(修好通商條約)이 체결되었다. 당시 청나라의 실권자 이홍장(李鴻章)은 일본이 조선에서 세력을 키우고 있고 조선에 대한 러시아세력의 침투가 예견되는 가운데 조선에 대한 청나라의 정치적 영향력을 회복하기 위해서는 미국이 조선과 수교를 하는 것이 청나라에 유익할 것으로 판단했던 것이다. 조미수호통상조약(朝美修好通商條約)은 한국 역사상 서양 국가와 맺은 최초의 조약이다.[224]

1876년 조선 정부는 일본의 정세를 살피기 위해 일본의 초청에 응하여 김기수(金綺秀) 일행을 수신사(修信使)로 파견했다. 1880년에는 김홍집(金弘集) 일행을 수신사(修信使)로 일본에 파견했다. 당시 일본 주재(日本駐在) 청나라의 외교관 황준헌(黃遵憲(황쭌센))은 김홍집(金弘集)에게 『조선책략(朝鮮策略)』을 주었다. 황쭌센이 저술한 『조선책략』은 러시아세력의 남하를 막기 위해서 조선이 취해야 할 외교정책에 관한 책이다. 『조선책략』의 내용은 조선은 청나라와

---

224) 邊太燮, 『韓國史通論』 四訂版, 三英社, 2022년, 379-380면.

의 결속을 강화할 뿐만 아니라 일본 및 미국과 제휴(提携)할 것을 권하고, 그것을 위하여 먼저 미국과 조약을 체결할 것과 서구(西欧)의 기술을 배워 부국강병에 힘쓸 것을 제안하고 있었다. 실제로 『조선책략』은 조선(朝鮮)을 움직여서 청나라의 중개(仲介)로 미국과 조약을 체결하게 한 것이었다.[225]

(4) 태프트·가쓰라(Taft·桂)밀약

일본은 이미 1902년 영일동맹에 의해 영국으로부터 한국 침략을 인정을 받았다. 또한 1905년에는 미국과 '태프트·가쓰라(Taft·桂)'밀약을 맺어 미국의 필리핀 지배를 인정해 주는 대가로 한국에 대한 지배를 인정받았다. 태프트(Taft)는 미국 육군 장군이고 가쓰라 타로(桂太郎)는 일본 수상이다. 1905년 일본은 영국과 제2차 영일동맹을 맺어 한국에 있어서 정치·경제·군사상의 특수이익을 보장받았다.[226]

(5) 일본의 패배와 한국의 해방

일본은 1937년 중일전쟁에 이어 1941년 미국과의 태평양전쟁을

---

225) 高橋秀樹·三谷芳幸·村瀬信一, 『ここまで変わった日本史教科書』, 吉川弘文館, 2016年, 157面과 邊太燮, 『韓國史通論』 四訂版, 三英社, 2022년, 380면 및 한영우, 『다시 찾는 우리역사』 제2전면개정판, 경세원, 2022년, 432-433면.

226) 邊太燮, 『韓國史通論』 四訂版, 三英社, 2022년, 413면 및 한영우, 『다시찾는 우리역사』 제2전면개정판, 경세원, 2022년, 461면과 佐藤信·五味文彦·高埜利彦·鳥海靖 編, 『詳説 日本史研究』, 山川出版社, 2020年, 382面.

일으켜 전쟁 초기에는 중국대륙 일부와 동남아시아를 점령하여 승세를 떨쳤다. 그러나 곧 미군을 주축으로 한 연합군의 반격을 받아 밀리기 시작했고, 1945년 8월 6일 히로시마(廣島)와 8월 9일 나가사키(長崎)에 잇달아 원자폭탄 공격을 받았다. 8월 8일에는 소련이 일본에 대하여 선전포고를 한 후 만주(滿州), 남화태(南樺太), 천도(千島)에 소련군이 침공하자 일본은 동년 8월 15일에 무조건 항복 선언을 발표했다. 이로 인하여 한국은 일본의 식민지 지배로부터 벗어나게 된다.[227]

(6) 해방 후 한국전쟁과 미국의 역할

1943년 11월 카이로, 1945년 7월 포츠담에서 열렸던 강대국들의 회담에서 한국의 독립은 즉각 독립이 아니라 '적당한 시기'의 독립으로 결정되었다. 그에 따라 1945년 일본이 패망한 뒤 한국에서는 미국과 소련의 군정이 실시되었다. 지정학적으로 한반도는 동북아시아에서 매우 중요한 지역이었기 때문에 미국과 소련은 어느 한 편이 독점적으로 영향력을 행사하게 되는 것을 바라지 않았고, 이 때문에 미소(美蘇) 양국이 남북을 38도선을 경계로 분할·점령하게 되었다. 소련군이 먼저 한반도에 도착하였고 뒤늦게 미군이 9월 7일 인천에 상륙하여 이후 군정을 실시하였다. 미군이 인천에 상륙한

---

227) 邊太燮, 『韓國史通論』 四訂版, 三英社, 2022년, 471면 및 한영우, 『다시찾는 우리역사』 제2전면개정판, 경세원, 2022년, 523면과 佐藤信·五味文彦·高埜利彦·鳥海靖 編, 『詳說 日本史研究』, 山川出版社, 2020年, 478-479面.

날이 9월 7일인지 9월 6일인지, 아니면 9월 8일인지는 각 자료마다 다르다.[228]

   북한의 김일성 정권은 1945년 해방 직후부터 소련의 적극적인 군사 지원을 받아 인민군을 창설하고 군사력을 강화시키고 있었다. 이에 반하여 미군정(美軍政)의 영향 아래 1948년 남한에서 새로 수립된 대한민국의 이승만 정권은 출범 초기부터 많은 문제를 안고 어려운 상황에 놓여 있었다. 정치적으로는 미군정(美軍政)에 의해서 온전했던 친일세력을 그대로 이어받아 자신의 권력 기반으로 삼았기 때문에 국내 정치세력들의 광범위한 지지를 얻지 못하고 있었다. 또한 남한의 좌익세력이 여전히 강해서 사회불안을 야기시키고 있었다.
   경제적으로는 경제정책의 잇단 실패로 극심한 경제적 불안에 직면했으며, 특히 토지개혁을 합리적으로 추진하지 못하여 농민들의 불만이 고조되었다. 이러한 한국의 정치적 혼란과 경제적 불안은 이승만 정권에 대한 비판으로 나타났다. 1950년 5월 30일에 실시된 제2대 국회의원 선거에서 이승만 지지세력이 참패를 당했던 것이다. 이러한 사유들이 북한의 김일성 정권으로 하여금 남한을 침공할 수 있는 기회로 생각게 하였다. 마침내 북한은 1950년 6월 25일 남침을 감행하여 3일 만에 서울을 함락시키고 3개월 만에 경상도 일부를 제외한 남한 지역 전부를 점령하였다. 이에 미국은 즉시

---

228) 邊太燮, 『韓國史通論』 四訂版, 三英社, 2022년, 471-473면 및 한영우, 『다시찾는 우리역사』 제2전면개정판, 경세원, 2022년, 524-525면과 歷史敎育硏究會 編著, 『日韓歷史共通敎材 調べ·考え·步く 日韓交流の歷史』, 株式會社 明石書店, 2020년, 167面.

유엔 안전보장이사회를 소집하여 북한의 남침을 침략 행위로 규정하고 이를 규탄하는 한편 유엔군의 파병을 결정하였다.[229]

미국은 일본(日本)에 주둔하고 있는 미군(美軍)을 중심으로 국제연합군(国際連合軍)을 조직해서 조선반도(朝鮮半島)에 파견했다. 한국군(韓国軍)도 국제연합군(国際連合軍)에 편입되었고 최고사령관은 맥아더(MacArthur, 1880~1964년)였다. 계속되는 북조선군(北朝鮮軍)의 남하(南下)는 국제연합군을 압도해서 부산(釜山) 부근까지 몰아붙였다. 9월이 되어 국제연합군은 인천(仁川)상륙작전에 성공하여 서울을 탈환하고 북조선군의 보급로를 끊어 버렸다. 북조선군은 패주하고 국제연합군은 38도선을 넘어 북조선 영내(北朝鮮領内)로 진공했다. 10월에는 국제연합군이 중조국경(中朝國境)인 압록강에 육박하자, 중국은 자국의 위기로 간주하고 인민의용군(人民義勇軍)을 북조선(北朝鮮)에 파견했다. 이로써 조선전쟁(朝鮮戰爭)은 미중전쟁(米中戰爭)으로 전환된 것이다. 조선전쟁(朝鮮戰爭)은 1953년 7월 27일 휴전이 성립되어 끝났다.[230] 결론적으로 말하면 남한의 우방(友邦)인 미국의 힘에 의해 남한이 북한의 침략을 막아 낼 수 있었던 것이다.

---

229) 邊太燮, 『韓國史通論』 四訂版, 三英社, 2022년, 479-481면 및 한영우, 『다시찾는 우리역사』 제2전면개정판, 경세원, 2022년, 536-537면.

230) 木村靖二·岸本美緒·小松久男 編, 『詳說 世界史研究』, 山川出版社, 2020년, 502-503면과 한영우, 『다시찾는 우리역사』 제2전면개정판, 경세원, 2022년, 537면 및 邊太燮, 『韓國史通論』 四訂版, 三英社, 2022년, 481면.

3 한국과 러시아

(1) 20세기 전후 조선에 대한 열강세력의 침투와 러시아

19세기에는 서양에서 일찍이 산업혁명을 거쳐 자본주의 경제체제를 이룩한 열강들이 상품시장과 원료공급지를 확보하기 위해 군함을 앞세워 아시아 여러 나라에 경쟁적으로 침입해 오고 있었다. 서양세력의 침입은 조선에도 닥쳐왔다. 서양세력 중 러시아 선박이 함경도 해안에 나타난 것은 1854년(철종 5년)이다.[231] 1884년 러시아는 청나라의 중재를 거치지 않고 직접 북경 주재 러시아공사관의 서기관 베베르(Wäber)가 조선에 파견되어 묄렌도르프(Möllendorff)의 협조를 얻어 조러통상조약(朝露通商條約)을 체결하였다.[232] 1888년에는 연해주와 함경도에서 육상 무역을 하기 위하여 조러육로통상조약(朝露陸路通商條約)이 체결되었다.

1884년 조선에서 발생한 갑신정변 후 청나라와 일본 두 나라 군대는 철수했으나, 청나라의 조선 정부에 대한 정치적 간섭과 경제적 침투는 그대로 지속되었다. 청나라는 조선에 대한 일본과 러시아의 침투를 특히 경계했다. 청나라는 1882년 독일인 묄렌도르프(Möllendorff)를 조선의 외교고문으로 추천했다가 그가 예상외로 조선

---

231) 邊太燮, 『韓國史通論』 四訂版, 三英社, 2022년, 373면.
232) 邊太燮, 『韓國史通論』 四訂版, 三英社, 2022년, 381면.

의 국왕 고종에게 러시아와 가까이할 것을 권하자 외교고문을 미국인 데니(Denny)로 교체했다. 그러나 데니(Denny)마저 조선 조정에 친러정책을 권유하자 친러정책으로 기울어진 고종을 폐위시키려는 계획까지 꾸몄다.[233]

데니(Owen N. Denny)는 『청한론(China and Korea)』을 저술했다. 『청한론』은 조선에 대한 청나라의 부당한 간섭을 비판하는 책자(冊子)이다. 또 『청한론』에서 데니는 자기와 견해를 달리하는 묄렌도르프(Möllendorff)를 겨냥하여 조선의 자주를 옹호하는 글을 남겼다. 데니(Denny)는 조선 고종 황제의 외교고문으로 부임한 뒤 조선 정부에게 자주독립정신을 갖도록 권고했다. 그는 조선에 대한 청나라의 내정간섭에 반대하고 내정간섭의 주체인 위안스카이(袁世凱(원세개))의 횡포를 비난했다. 결국 데니(Denny)는 이홍장(李鴻章)의 미움을 받아 조선 정부의 외교고문직을 파면당했다.[234] 데니(Denny)의 『청한론』에 대하여 묄렌도르프(Möllendorff)는 「데니씨의 청한론에 대한 답변(A Reply Mr. O. N. Denny's Pamphlet entitled: China and Korea)」을 썼다. 묄렌도르프는 조선이 몇백년간 중국의 봉신국(封臣國)이었음을 밝히면서, 데니(Denny)가

---

233) 한영우, 『다시찾는 우리역사』 제2전면개정판, 경세원, 2022년, 440면 및 최종고, 『한국을 사랑한 세계작가들 1』, 와이겔리, 2019년, 52-53면, 23-24면.

234) O.N. 데니·묄렌도르프·B. 홀 지음/신복룡·최수근·김운경·정성자 역주, 『청한론 | 데니의 서한집 / 묄렌도르프 자서전 | 반청한론 / 조선 서해 탐사기』 개정판, 집문당, 2019년, 청한론 | 데니의 서한집의 역주자 초판 서문 및 최종고, 『한국을 사랑한 세계작가들 1』, 와이겔리, 2019년, 23-24면.

'한국은 중국에서 독립한 나라'라고 주장하는 것은 조선의 환경을 모르는 일종의 봉사 형태의 전망일 뿐이라고 했다. 데니의 글 『청한론』과 묄렌도르프의 글 『반청한론』은 청나라에 대한 조선의 종속에 관하여 매우 상극적인 입장을 취하였다.[235]

청나라의 지나친 내정간섭을 견제하기 위해 조선 정부는 미국과의 우호를 강화하려고 했으나 미국이 소극적인 태도로 일관하자 러시아와의 우호를 강화했다. 대부분의 영토가 추운 지역인 러시아는 얼지 않는 항구(부동항)의 확보를 위해 남하정책을 추진하는 과정에서 1860년 청나라와 베이징조약을 맺어 연해주(沿海州)를 차지하고 블라디보스토크에 군항(軍港)을 건설했다. 그리고 1884년에 조선과 통상조약을 맺은 것을 계기로 함경북도 경흥(慶興)에 조차지를 얻고 외교관 베베르(Weber)를 공사로 보내 조선 정부 안에 많은 친구들을 만들어 그 세를 확장해 갔다. 베베르의 한국어 이름은 위패(韋貝)이다. 러시아가 조선에 진출하자 가장 불안을 느낀 나라는 청나라와 영국이었다. 특히 세계 각지에서 러시아와 대립하고 있던 영국은 러시아의 연해주 장악과 동해안 침투에 위기위식을 느끼고 1885년 대한해협의 문호에 해당하는 전라도 여천의 거문도(巨文島)를 불시에 점령했다. 조선은 영국의 주권 침범에 강력하게 항의했다. 러시

---

[235] O.N. 데니·묄렌도르프·B. 홀 지음/신복룡·최수근·김운경·정성자 역주, 『청한론 | 데니의 서한집 / 묄렌도르프 자서전 | 반청한론 / 조선 서해 탐사기』 개정판, 집문당, 2019년, 묄렌도르프 자서전 | 반청한론의 역주자 초판 서문, 146면, 159면 및 최종고, 『한국을 사랑한 세계작가들 1』, 와이겔리, 2019년, 54면.

아와 일본의 파병을 두려워한 청나라도 이 문제에 개입하여 조선의 영토를 점령하지 않는다는 러시아의 약속을 받아 냄으로써 2년 만에 해결되었고 영국군은 1887년 거문도에서 철수했다.[236]

(2) 을미사변(乙未事變)과 아관파천 그리고 러일전쟁

1895년 청일전쟁에서 승리한 일본은 조선에서의 우세를 확실히 하였을 뿐 아니라 청나라로부터 대만과 요동반도를 할양받음으로써 만주와 중국으로 진출할 수 있는 발판까지도 마련하였다. 그러나 일본의 세력 확대를 경계하고 있던 러시아는 독일·프랑스와 함께 일본의 요동반도 점유가 동양의 평화에 해롭다는 구실로 청나라에 반환할 것을 요구했다. 아직 국력이 강하지 못한 일본은 위 3국의 요구에 굴복하고 요동반도를 반환했다.[237]

삼국간섭의 소식이 전해지자 조선 정부 안에서는 러시아의 힘을 빌려 일본의 간섭에서 벗어나려는 움직임이 일어났다. 이러한 배일정책을 이끌어 간 것은 민비(閔妃) 일파였으며 고종도 이에 동조하였다. 일본의 협박과 강요 속에서 추진된 갑오개혁으로 입지가 좁아진 고종과 권력에서 밀려난 민비(閔妃)는 일본을 견제할 대안세력으로 러시아를 선택했다. 이른바 인아거일(引俄拒日)정책이다. 러시아

---

236) 한영우, 『다시찾는 우리역사』 제2전면개정판, 경세원, 2022년, 440-441면 및 邊太燮, 『韓國史通論』 四訂版, 三英社, 2022년, 391-392면.

237) 邊太燮, 『韓國史通論』 四訂版, 三英社, 2022년, 402-403면 및 佐藤信·五味文彦·高埜利彦·鳥海靖 編, 『詳説 日本史研究』, 山川出版社, 2020年, 372-373面.

공사 베베르의 외교 활동이 가미되어 드디어 민비는 정부 내의 친일세력인 박영효를 몰아내고 이범진(李範晉), 이완용(李完用) 등을 기용하여 새로이 친러 정부를 세우는 데 성공하였다.

일본은 청일전쟁이란 비싼 대가를 치르면서 청나라의 세력을 조선에서 축출하는 데 성공하였으나, 새로이 함경도에 접한 러시아가 경쟁세력으로 등장하였다. 조선 정부가 일본보다 더 강하다고 생각한 러시아와 친해지려는 친러 노선으로 기울어지자 조선 내 세력을 유지하려는 일본은 비상수단을 쓰게 되었다. 일본은 당시 친러 외교를 주도하던 민비를 먼저 제거하려는 음모를 꾸몄다. 이를 위해 일본은 이노우에 가오루(井上馨) 대신 육군 중장 출신의 과격한 인물 미우라 고로(三浦梧樓, 1848~1926년)를 조선 주재 공사로 보냈다. 미우라 고로는 일본의 낭인과 군대를 앞세워 궁중을 침범하여 민비를 시해했다. 이 사건은 1895년 10월에 발생했고 '을미사변(乙未事變)'이라고 한다.[238]

일본과 친일세력에 의해 왕비를 잃은 고종은 크게 분노하고 다음에 자신이 시해당할 것을 예감하여 경복궁을 벗어나 서양 공사관들이 몰려 있는 정동(貞洞)으로 피신하려 했다. 이에 이범진, 이재순 등 정동구락부의 친위 관료들이 미국공사관의 협조를 얻어, 1895년 11월 27일 고종을 구출하여 미국공사관으로 피신시키려다 사전에 발

---

238) 邊太燮, 『韓國史通論』 四訂版, 三英社, 2022년, 403면 및 한영우, 『다시찾는 우리역사』 제2전면개정판, 경세원, 2022년, 450면과 佐藤信·五味文彦·高埜利彦·鳥海靖 編, 『詳說 日本史研究』, 山川出版社, 2020년, 377面.

각되어 실패했다. 이를 '춘생문 사건'이라고 한다. 그 뒤 친위 관료들은 러시아의 베베르와 공모하여 다시금 고종을 구출하기 위해 1896년 2월 11일 새벽, 궁녀가 타는 가마에 고종과 태자를 태워 러시아 공사관으로 옮겼다. 이 사건을 '아관파천(俄館播遷)'이라 한다.

국왕이 러시아공사관으로 피신하여 1년간 머무는 동안 조선은 러시아 황제 대관식에 민영환 등을 특명전권대사로 파견하기도 하고, 러시아의 군사 및 재정고문을 받기로 했다. 러시아의 베베르는 일본의 고무라(小村)와 각서를 맺어 일본을 견제해 주었고, 고종은 운신의 폭이 그만큼 넓어질 수 있었다. 그렇지만 서양의 여러 나라들이 이 틈에 각종 이권을 얻으려고 접근하여 조선 정부는 철도, 광산, 삼림 등에 관한 이권을 서구열강에 넘겨주게 되었다. 이것은 조선에 대한 일본의 독점적 침투를 견제하는 의미도 있었다. 일본은 이미 열강 가운데 가장 많은 이권을 가지고 있었기 때문이다. 러시아의 견제로 조선에서의 독점적 이권을 잃는 것이 두려운 일본은 마침내 1904년 러일전쟁을 일으키게 된 것이다. 러시아와 일본의 세력균형이 이루어진 아관파천(俄館播遷) 시기부터 1904년 러일전쟁이 일어날 때까지 약 8년간은 조선 정부가 상대적으로 자주성을 높일 수 있었던 시기였으며 이러한 분위기 속에서 1897년(광무 원년) 대한제국이 탄생했던 것이다.[239]

1904년에 발발한 러일전쟁에서 일본은 총력을 다하여 러시아와 싸웠다. 1905년 일본은 세계의 예상을 뒤엎고 육전(陸戰)과 해전(海

---

[239] 邊太燮, 『韓國史通論』 四訂版, 三英社, 2022년, 405면 및 한영우, 『다시찾는 우리역사』 제2전면개정판, 경세원, 2022년, 451-452면.

戰)에서 모두 승리하였다. 1905년에는 러시아에서 파업과 반정부 시위가 일어났기 때문에 더 이상 전쟁을 수행할 수 없는 상태였다. 러일전쟁을 종결시키기 위해 1905년 일본과 러시아는 포츠머스조약(Treaty of Portsmouth)을 맺었다. 이 조약에서 러시아는 한국에 있어서 일본의 우월권을 승인했고 요동반도의 조차권과 장춘(長春)·여순(旅順) 사이의 철도인 남만주철도(南滿州鉄道)를 일본에 이양(移讓)했다.

(3) 태평양전쟁에서 일본의 패배와 한국의 해방 그리고 한국전쟁과 소련(蘇聯)의 역할

1945년 8월 8일 소련은 일소중립조약(日蘇中立條約)을 파기하고 일본에 선전포고를 한 후 만주(滿州)·조선(朝鮮)·미나미카라후토(南樺太 = 남사할린)로 진공했다. 소련의 참전에 의해 만주의 일본 관동군은 괴멸(壞滅)되었으며, 남겨진 만몽개척단원(滿蒙開拓團員) 등에서 많은 사망자가 발생했다. 또 남겨진 수많은 일본인 어린아이들이 중국에 잔류한 채 고아가 되어 곤란한 생활을 하였다. 포로가 된 일본 군인들은 소련에 의해 시베리아에 억류되었고 강제 노동에 다수가 목숨을 잃었다.

1945년 8월 6일 히로시마(廣島), 8월 9일에는 나가사키(長崎)에 원자폭탄이 투하되고 소련이 참전(參戰)함으로써 일본은 절망적인 상황에 빠져 8월 15일에 연합군에게 무조건 항복했다.[240] 일본의 패배와 동시에 한국은 해방을 맞이하였다. 그러나 소련(蘇聯)과 미국(美國)이 일본으로부터 해방된 한국을 38도선(度線)을 경계로 남북(南北)으로 분할하여 점령하였다. 지정학적으로 한반도는 동북아시아에서 매우 중요한 지역이었기 때문이었다.[241]

그 후 한국은 남북(南北)이 각각 독립한 후 미국(美國)과 소련(蘇聯)의 영향을 받으면서 대치하고 있는 상황이 계속되고 있었다. 그런데 1949년 10월에 중국대륙에서 중화인민공화국이 성립한 사건과 1950년 1월에 미국의 국무장관 애치슨(Acheson)의 연설로 미국의 방위선 내측(內側)에 한국(韓國)과 대만(台湾)이 포함되지 않는다고 한 사건을 접한 북조선(北朝鮮)의 김일성(金日成)은 조선반도(朝鮮半島) 남북의 무력통일을 결의하고 소련의 스탈린 및 중국의 모택동(毛沢東)의 전쟁 승인을 얻었다.[242] 한편, 1950년 1월에 미국과 한국은 한미상호방위원조협정(韓美相互防衛援助協定)을 체결했고, 동년 2월에는 중화인민공화국과 소련이 중소우호동맹상호원조조약(中蘇友好同盟相互援助條約)을 체결했다. 미국과 소련은 긴박하

---

240) 大津 透·久留島典子·藤田 覚·伊藤之雄, 『もういちど讀みとおす山川新日本史 下』, 山川出版社, 2022年, 148面 및 佐藤信·五味文彦·高埜利彦·鳥海靖 編, 『詳說 日本史研究』, 山川出版社, 2020年, 478-479面과 木村靖二·岸本美緒·小松久男 編, 『もういちど讀む山川世界史PLUS アジア編』, 山川出版社, 2022年, 298面 및 老川慶喜 著, 『もういちど讀む山川日本戰後史』, 山川出版社, 2016年, 5面.

241) 邊太燮, 『韓國史通論』 四訂版, 三英社, 2022년, 471-473면 및 한영우, 『다시찾는 우리역사』 제2전면개정판, 경세원, 2022년, 524-525면.

242) 木村靖二·岸本美緒·小松久男 編, 『詳說 世界史研究』, 山川出版社, 2020年, 502面.

게 대치(対峙)하고 있었던 것이다.[243] 1945년 8월 15일 해방을 맞은 남한 사회는 한국전쟁이 발발할 때까지 약 5년간 미국과 소련의 대립에 맞물려 사회불안이 지속되고 있었다.

1950년 6월에 북조선군(北朝鮮軍)은 남한으로 침공했다. 불의의 공격을 받은 한국군은 장비도 열등한 상태에서 3일 만에 서울을 점령당했다. 남하(南下)를 계속하는 북조선군에 대하여 미국이 주도하는 국제연합(国際連合) 안전보장이사회는 북조선(北朝鮮)의 침공을 침략 행위로 규정하고, 일본(日本)에 주둔하고 있는 미군(美軍)을 중심으로 국제연합군(国際連合軍)을 조직해서 조선반도(朝鮮半島)에 파견했다.

한국군(韓国軍)도 국제연합군(国際連合軍)에 편입되었다. 3일 만에 서울을 점령한 북조선군은 계속 남하(南下)하여 국제연합군을 부산(釜山) 부근까지 몰아붙였다. 북조선군은 3개월도 채 안 돼서 경상도 일부를 제외한 전 국토를 점령하였다. 그러나 9월이 되어 국제연합군은 인천(仁川)상륙작전에 성공하여 서울을 탈환했다. 북조선군은 패주하고 국제연합군은 38도선을 넘어 북조선 영내(北朝鮮領內)로 진공했다. 10월에는 국제연합군이 중조국경(中朝國境)인 압록강에 육박하자, 중국은 자국의 안전보장상의 위기로 간주하고 수십만 명에 달하는 인민의용군(人民義勇軍)을 북조선에 파견했다. 중국

---

243) 佐藤信·五味文彦·高埜利彦·鳥海靖 編, 『詳說 日本史研究』, 山川出版社, 2020年, 502面.

인민군의 화력은 크지 않았으나, 이른바 인해전술(人海戰術)로 압박하여 1951년 1월 4일 서울은 다시 북조선군의 수중에 들어가기도 했다. 이후 전쟁은 소련이나 북한의 예상과는 달리 장기전의 양상을 띠자 소련은 유엔을 통해서 휴전을 제의하기에 이르렀다. 이에 따라 1951년 7월에 경기도 개성에서 처음으로 휴전회담이 개최되었고 결국 1953년 7월 27일에 당시의 전선(戰線)을 휴전선으로 하는 휴전이 성립되었다. 이로써 소련의 후원을 받은 북한과 미국의 지원을 받은 한국 사이에서 벌어진 조선전쟁(朝鮮戰爭)은 끝났다.[244]

3년여간의 한국전쟁은 남북한 쌍방에 엄청난 피해를 안겨 주었다. 한국전쟁은 한국의 역사상 가장 피해가 큰 전쟁이었다.[245] 일본은 한국전쟁으로 인하여 막대한 이익을 얻고 경제가 부흥하게 되었다.[246]

---

244) 木村靖二·岸本美緒·小松久男 編, 『詳說 世界史研究』, 山川出版社, 2020年, 502-503面과 邊太燮, 『韓國史通論』 四訂版, 三英社, 2022년, 481면 및 한영우, 『다시찾는 우리역사』 제2전면개정판, 경세원, 2022년, 537면.

245) 邊太燮, 『韓國史通論』 四訂版, 三英社, 2022년, 482면.

246) 老川慶喜 著, 『もういちど讀む山川日本戰後史』, 山川出版社, 2016年, 71-74面 및 佐藤信·五味文彦·高埜利彦·鳥海靖 編, 『詳說 日本史研究』, 山川出版社, 2020年, 503面.

맺음말

　중국은 스스로를 세계의 최강국이자 세계 문명의 중심으로 생각하는 중화사상을 가지고 있었다. 한국은 문자를 비롯하여 많은 것을 중국으로부터 받아들였다. 조선왕조는 중화주의 세계관을 갖고 있었으며 스스로를 동쪽 이웃이자 중국의 속국으로 간주했다. 18세기 전후 사람인 니콜라스 빗선(Nicolaas Witsen)이 저술한 책 『Noord en Oost Tartaryen(북쪽과 동쪽 타타르 사람)』 안에 실려 있는 '조선국기(朝鮮国記)'를 보면, 조선인은 중국 황제의 지배하에 있고 중국에 공물(貢物)을 바칠 의무가 있다고 기록되어 있다.[247] 니콜라스 빗선은 네덜란드의 외교관이자 암스테르담 시장이었다. 이와 대조적으로, 일본은 스스로의 정체성을 찾을 때 다른 어떤 나라도 염두에 두지 않았으며 스스로를 떠오르는 태양의 나라로 표현했다.[248]

　20세기를 전후로 하여 일본은 청일전쟁과 러일전쟁에서 승리함으로써 중국과 백인에 대한 열등감을 극복했고 조선을 식민지로 삼았다. 조선의 고종 황제와 일본의 메이지 천황은 1852년생으로 동갑내기이다. 고종은 망국의 군주가 되었고 메이지 천황은 '떠오르는

---

[247] 존 레니 쇼트 지음/ 김영진 옮김, 『지도 밖으로 꺼낸 한국사』, 서해문집, 2015년, 103면 및 ヘンドリック·ハメル N.ウイットセン 著/生田滋 譯, 『朝鮮幽囚記』, ワイド版, 平凡社, 2003年, 117-119面, 247面.

[248] 존 레니 쇼트 지음/ 김영진 옮김, 『지도 밖으로 꺼낸 한국사』, 서해문집, 2015년, 104면.

태양의 나라'의 군주가 되었다.[249]

　동(東)아시아 사람들은 구미열강(欧美列強)의 침투에 대하여 매우 다른 반응을 보였다. 일본 사람들은 근대화를 수용함으로써 구미열강(欧美列強)의 위협으로부터 스스로 방어체계를 형성했다. 중국 사람들은 있는 힘을 다하여 노력하였으나 근대화를 이루지 못했고 구미열강(欧美列強)의 침투에 대하여 스스로 방어체계를 형성하지 못했다. 아시아의 강국인 일본의 운명 및 중국의 운명은 구미열강(欧美列強)의 침투에 대한 각각의 반응 및 대처뿐만 아니라 구미열강과의 관계 속에서 형성된 것이다. 러일전쟁이 일본의 승리로 끝난 1905년 미국의 어느 학자는 이미 일본 사람들을 서양 사람들과 같은 부류의 동료(同僚)라고 말할 수 있다고 했다.[250] 20세기 전후의 시기는 유럽 사람들이 아시아·아프리카·중남아메리카 사람들보다 우월한 인종이라는 인식이 퍼져 있던 시대였다.[251]

　19세기 서구열강(Western Powers)의 식민지 쟁탈전은 크고 작은 전쟁을 불러일으켰다. 아시아에서는 유일하게 일본이 서구열강과 동등한 입장에 서서 식민지 쟁탈전에 참여했다. 20세기에 들어

---

249) 서현섭, 『일본 극우의 탄생 메이지 유신 이야기』, 라의눈, 2019년, 177면.

250) J. M. Roberts and O. A. Westad, 『The Penguin History of the World』 Sixth edition, Penguin Books, 2014, p. 848.

251) Simon Jenkins, 『A Short History of Europe, From Pericles to Putin』, Penguin Random House UK, 2019, p. 233.

와서는 두 번의 세계대전이 벌어졌다. 서구열강과 일본은 전쟁을 수행하기 위하여 자국의 청년들을 징집(conscription)해야 했고 청년들은 현역에 복무할 의무를 졌다. 식민지 쟁탈전의 절정(climax)이라 할 수 있는 제2차 세계대전은 유럽에서 아시아로 확대된 전 세계적인 규모의 전면전(全面戰)으로 군인뿐만 아니라 수많은 민간인들이 목숨을 잃었다.

제2차 세계대전으로 인하여 발생한 인명 손실(loss of life)은 다음 표와 같다. 다음 표의 모든 수치는 추정치(estimates)이다. 특히, 중국과 소련의 사상자 수에 관하여는 역사학자들 사이에서 논란이 벌어지고 있다. 중국에서 발생한 수많은 인명 손실은 빈곤하거나 전쟁 기간 중이라서 기록이 없는 농촌 지역에서 발생한 것이다. 소련인 사망자들은 표시도 없는 공동묘지에 매장되는 경우가 많았다. 전쟁으로 인한 사망자 수를 밝히려는 정부의 시도는 가족들과의 면담이라는 신뢰할 수 없는 방법에 근거하고 있었다.[252]

---

[252] H. P. Willmott·Charles Messenger·Robin Cross, 『DK WORLD WAR II』, Dorling Kindersley, 2012, p. 303.

	동원된 병력 (troops)	군인 전사자	민간인 사망자
소련	2,000만 명	870만 명	1,690만 명
미국	1,640만 명	29만 2,000명	해당 없음(N/A)
프랑스	500만 명	25만 명	17만 명
영국	470만 명	24만 명	6만 5,000명
네덜란드	50만 명	1만 명	24만 명
중국(중국 공산당)	120만 명	110만 명	400만 명
중국(국민정부)	380만 명	240만 명	600만 명
오스트레일리아	68만 명	3만 4,000명	해당 없음(N/A)
뉴질랜드	15만 명	1만 2,000명	해당 없음(N/A)

<표 7> 제2차 세계대전 중 연합국의 병력 및 인명 손실

	동원된 병력 (troops)	군인 전사자	민간인 사망자
독일	1,080만 명	325만 명	200만 명
일본	740만 명	170만 명	95만 명
이탈리아	450만 명	38만 명	18만 명

<표 8> 제2차 세계대전 중 추축국의 병력 및 인명 손실

일본 역사서에서도 제2차 세계대전으로 인하여 발생한 인명 손실은 너무나 방대해서 정확한 자료가 부족하여 확실한 인명 손실 숫자는 규명할 수 없다고 기술되어 있다. 일본의 패전 후 연합군 총사령부 아래에서 전사(戰史)의 편찬(編纂) 임무를 맡은 복부탁사랑(服部卓四郞)에 의하면 대략적으로 볼 때 전사자(戰死者) 약 2,200만 명, 부상자(負傷者) 약 3,400만 명에 이른다고 추정되고 있다. 복부탁사

랑(服部卓四郎)은 『대동아전쟁전사(大東亜戦争全史)』의 저자이다.

일본의 피해는 군인(軍人)·군속(軍属)의 사망·행방불명자가 약 186만 명, 일반 국민(一般国民)의 사망·행방불명자가 약 66만 명이다. 이재가옥(罹災家屋)은 약 236만 호(戸), 이재자(罹災者)는 약 875만 명에 이른다. 중일전쟁이 발발한 1937년부터 태평양전쟁이 끝나는 1945년까지 일본의 임시군사비(臨時軍事費)는 1,654억 1,377만 엔(円)이라는 거액에 이르고, 국부 피해(国富被害)는 약 635억 엔(円) 이상에 이른다고 여겨지고 있다.

일본인 사망자 중에는 일본의 패전 후 만주를 포함한 중국에서 사망한 민간인 약 17만 명이라는 숫자가 포함되어 있다. 또 최근 일본 및 러시아 측의 조사에서 일본의 패전 당시 소련에 항복했던 일본의 병사들 중에는 약 60만 명이 시베리아(Siberia) 및 몽골인민공화국(モンゴル人民共和国) 등으로 연행(連行)되어 강제 노동(強制勞動)에 종사하다가 약 6만 명이 사망했다고 한다.

위 일본의 군인(軍人)·군속(軍属) 약 186만 명과 일반 국민(一般国民) 약 66만 명의 사망·행방불명자 총수(総数) 약 252만 명은 조사가 충분히 실시되고 있지 않은 시기의 숫자이다. 현재에는 위 인명 손실 총수보다 더 많다고 본다. 즉 군인(軍人)·군속(軍属)·일반 국민(一般国民)을 모두 합해서 사망·행방불명자의 총수(総数)는 대략 300만 명으로 추정(estimate)되고 있다.[253]

---

253) 佐藤信·五味文彦·高埜利彦·鳥海靖 編, 『詳說 日本史研究』, 山川出版社, 2020年, 479-480面 및 R. H. P. Mason & J. G. Caiger, 『A History of Japan』 Revised Edition, Tuttle Publishing, 1997, p. 360.

참고문헌

韓國書

邊太燮, 『韓國史通論』 四訂版, 三英社, 2022년.

한영우, 『다시찾는 우리역사』 제2전면개정판, 경세원, 2022년.

서현섭, 『일본 극우의 탄생 메이지 유신 이야기』, 라의눈, 2019년.

배동선, 『수카르노와 인도네시아 현대사』, 아모르문디, 2018년.

함규진, 『조약으로 보는 세계사 강의』, 미래의창, 2017년.

정인섭, 『신국제법 강의—이론과 사례』 6판, 박영사, 2016년.

김남일, 『한국 근대 문학 기행 함경도 이야기』, 학고재, 2023년.

주섭일, 『프랑스의 나치협력자 청산』, 사회와 연대, 2017년.

최종고, 『한국을 사랑한 세계작가들 1』, 와이겔리, 2019년.

김만수 지음/구사회 외 4인 옮김, 『대한제국기 프랑스 공사 김만수의 세계여행기』, 보고사, 2018년.

번역서

나쓰메 소세키 지음/김유영 옮김, 『만주와 한국 여행기』, 소명출판, 2018년.

O. N. 데니·묄렌도르프·B. 홀 지음/신복룡·최수근·김운경·정성자 역주, 『청한론 | 데니의 서한집 /묄렌도르프 자서전 | 반청한론 / 조선 서해 탐사기』 개정판, 집문당, 2019년.

I. B. 비숍 지음/신복룡 역주, 『조선과 그 이웃나라들』 개정판, 집문당, 2021년.

존 레니 쇼트 지음/김영진 옮김, 『지도 밖으로 꺼낸 한국사』, 서해문집, 2015년.

나쓰메 소세키 지음/김유영 옮김, 『만주와 한국 여행기』, 소명출판, 2018년.

나카지마 아쓰시 저/엄인경 역, 『나카지마 아쓰시의 남양 소설집』, 보고사, 2021년.

日本書

佐藤信·五味文彦·高埜利彦·鳥海靖 編, 『詳說 日本史硏究』, 山川出版社, 2020年.

木村靖二·岸本美緒·小松久男 編, 『詳說 世界史硏究』, 山川出版社, 2020年.

木村茂光·小山俊樹·戸部良一·探谷幸治 編, 『大学でまなぶ日本の歴史』, 吉川弘文館, 2024年(令和 6).

五味文彦·鳥海靖 編, 『新 もういちど讀む山川日本史』, 山川出版社, 2017年.

「世界の歴史」編集委員會=編, 『新 もういちど讀む山川世界史』, 山川出版社, 2017年.

木村靖二·岸本美緒·小松久男 編, 『もういちど讀む山川世界史PLUS アジア編』, 山川出版社, 2022年.

木村靖二·岸本美緒·小松久男 編, 『もういちど讀む山川世界史PLUS ヨーロッパ·アメリカ編』, 山川出版社, 2022年.

大津 透・久留島典子・藤田 覚・伊藤之雄, 『もういちど讀みとおす山川新日本史 下』, 山川出版社, 2022年.

佐々木潤之介・佐藤 信・中島三千男・藤田 覚・外園豊基・渡辺隆喜, 『概論 日本歴史』, 吉川弘文館, 2021年.

高橋秀樹・三谷芳幸・村瀬信一, 『ここまで変わった日本史教科書』, 吉川弘文館, 2016年.

老川慶喜 著, 『もういちど讀む山川日本戰後史』, 山川出版社, 2016年.

毎日新聞社編, 『日本の戰爭 1 滿洲國の幻影』新裝版, 毎日新聞社, 2010年.

毎日新聞社編, 『日本の戰爭 2 太平洋戰爭』新裝版, 毎日新聞社, 2010年.

太平洋戰爭研究會 編／平塚柾緒 著, 『圖說 寫眞で見る滿州全史』新裝版, 河出書房新社, 2018年.

岡本隆司, 『世界史とつなげて學ぶ 中國全史』, 東洋經濟新報社, 2020年.

朝日新聞出版 編著, 『再現イラストでよみがえる日本史の現場』, 朝日新聞出版, 2022年.

六反田豊 監修, 『一冊でわかる韓国史』, 河出書房新社, 2022年.

公益財団法人 東洋文庫 編, 『記錄された記憶』, 山川出版社, 2015年.

玉木俊明, 『「世界史×日本史」エピソード100』, 星海社, 2021年.

青沼隆彦 編, 『ここまで変わった! 日本の歴史 24の最新説』, 中央公論新社, 2021年.

津野田興一, 『「なぜ!?」からはじめる世界史』, 山川出版社, 2022年.

宮崎正勝, 『世界〈経済〉全史「51の転換点」で現在と未来が読み解ける』, 日本実業出版社, 2017年.

宮崎正勝, 『知っておきたい「食」の日本史』, 角川ソフィア文庫, 2022(令和4年)年.

上野高一외 5 執筆/高橋典嗣외 3 監修, 『沖縄のトリセツ』, 昭文社, 2021年.

田邉 裕, 『もういちど讀む山川地理』 [新版], 山川出版社, 2017年.

內田忠賢 監修, 『理解しやすい地理B』, 文英堂, 2013年.

村瀨哲史, 『村瀨のゼロからわかる地理B 地誌編』, 株式会社 学研プラス, 2021年.

砂崎良 著/井田仁康 監修, 『リアルな今がわかる 日本と世界の地理』, 朝日新聞出版, 2022年.

지도책(地図帳(지도장))

平凡社地図出版 編集·制作, 『ASAHI ORIGINAL デュアル·アトラス 2019-2020年版 日本·世界地図帳』, 朝日新聞出版, 2019年.

英美書

E. H. Carr, 『What Is History?』, Penguin Random House UK, 2018.

R. R. Palmer·Joel Colton, 『A History of the Modern World』, Eighth Edition, McGraw-Hill, Inc. 1995.

Clive Ponting, 『World History: A New Perspective』, Pimlico, 2001.

J. M. Roberts and O. A. Westad, 『The Penguin History of the World』 Sixth edition, Penguin Books, 2014.

Ian Morris, 『Why the West Rules - for Now: The Patterns of History, and What they reveal about the Future』, Profile Books, 2011.

Paul Kennedy, 『The Rise and Fall of the Great Powers: Economic Change and Military Conflict from 1500 to 2000』, William Collins, 2017.

Peter Frankopan, 『The Earth Transformed: An Untold History』, Bloomsbury Publishing, 2023.

John Hirst, 『The Shortest History of Europe』, Old Street Publishing, 2012.

Simon Jenkins, 『A Short History of Europe, From Pericles to Putin』, Penguin Random House UK, 2019.

Mark Galeotti, 『A Short History of Russia』, Penguin Random House UK, 2022.

Orlando Figes, 『The Story of Russia』, Bloomsbury Publishing, 2023.

Antony Beevor, 『RUSSIA Revolution and Civil War 1917-1921』, Weidenfeld & Nicolson, 2023.

Robert Tombs, 『The English and Their History』 Revised edition, Penguin Books, 2023.

Stephanie Muntone, 『U.S. History Demystified』, McGraw-Hill, 2012.

Linda Jaivin, 『The Shortest History of China』, Old Street Publishing, 2022.

Ian Kershaw, 『To Hell and Back Europe, 1914-1949』, Penguin Random House UK, 2016.

H. P. Willmott·Charles Messenger·Robin Cross, 『DK WORLD WAR II』, Dorling Kindersley, 2012.

Dorling Kindersley Limited, 『20th century: A Visual Guide To Events That Shaped The World』, Dorling Kindersley(DK) Limited, 2012.

H. Keith Melton, 『Ultimate Spy: Inside the Secret World of Espionage』, Dorling Kindersley(DK) Limited, 2009.

John Keay, 『China: A History』, Harper Press, 2009.

R. H. P. Mason & J. G. Caiger, 『A History of Japan』 Revised Edition, Tuttle Publishing, 1997.

Christopher Harding, 『Japan Story: In Search of a Nation, 1850 to the Present』, Penguin Books, 2019.

Jeremy Black, 『A Brief History of the Pacific: The Great Ocean』, Robinson, 2023.

Jeremy Black,『FRANCE A Short History』, Thames & Hudson, 2021.

Jeremy Black, 『A Brief History of Germany』, Robinson, 2022.

Jonathan Fenby, 『The History of Modern France: From the Revolution to the War on Terror 』, Simon & Schuster, 2016.

Helmut Walser Smith, 『Germany: A Nation in Its Time』, Liveright Publishing Corporation, 2022.

Manning Clark, 『A Short History of Australia』 fourth revised edition, Penguin Books, 2006.

Josephine Quinn, 『How the World Made the West: A 4,000-Year History』, Bloomsbury Publishing, 2024.

참고문헌 193

Orlando Figes, 『Crimea The Last Crusade』, Penguin Books, 2011.

Anthony Giddens and Philip W. Sutton, 『Sociology』 Eighth Edition, Polity Press, 2017.

Dorling Kindersley Limited, 『The Science Book: Big Ideas Simply Explained』, DK(Dorling Kindersley) Publishing, 2014.

Magazine(잡지)

National Geographic Partners, LLC., 『WORLD WAR Ⅱ The spies and Secret Missions That Won the War』, Meredith Operations Corporation, 2024.